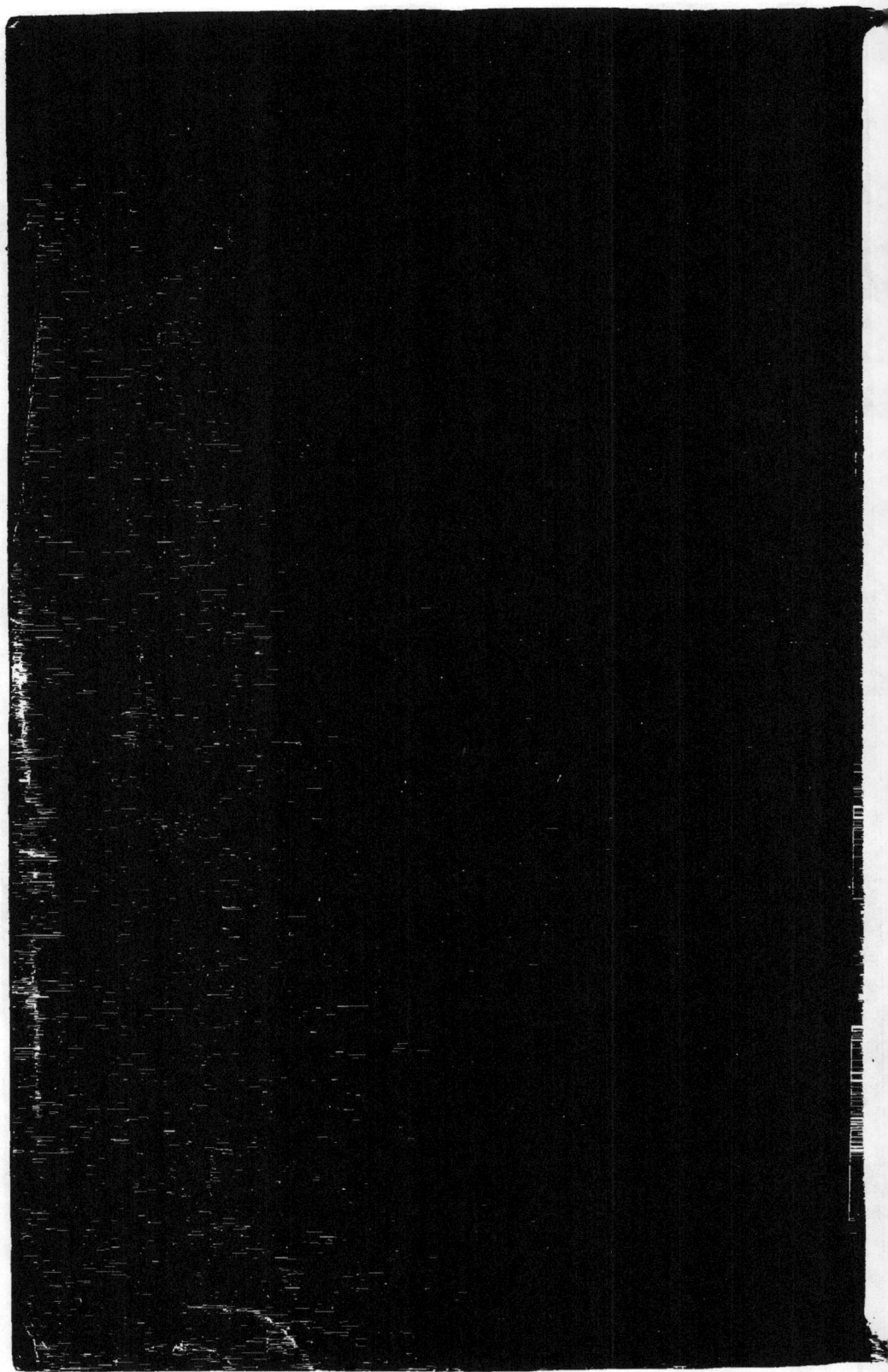

L'ANTI-BURKE,

OU

LES MOYENS

DE DIRIGER ET RÉTABLIR LES RELATIONS COMMERCIALES DE LA FRANCE D'UNE MANIÈRE UTILE.

AVEC

Le développement de ses ressources, de ses richesses, de ses besoins et de ses dépenses en productions étrangères à son territoire ;

Sa consommation possible, son superflu, sa mise dans le commerce des quatre parties du monde, et les avantages qu'on peut en retirer.

IL faut que la connoissance de la valeur des produits du sol et de l'industrie, dirige le mouvement du commerce vers des échanges utiles, et que les gouvernans puissent calculer les distractions possibles a faire sur le tout pour déterminer l'impôt.

A PARIS,

Chez BERNARD, Libraire, quai des Augustins, n°. 31.

AN VIII.

L'ANTI-BURKE,

OU

LES MOYENS

De diriger et rétablir les relations com-
merciales de la France d'une manière
utile.

JE quitte le manteau étranger dont je me
suis enveloppé dans mon *Anecdote sur la*
vie politique de Burke, pour démontrer
d'une manière plus positive, nos moyens de
commerce, nos ressources et nos richesses
nationales.

Je m'étois servi de ce déguisement pour
provoquer les écrivains instruits sur cette
matière, et je desirois que les principes que
j'ai établis fussent appuyés ou combattus par
des idées lumineuses sur la direction de nos
relations commerciales.

L'espoir d'une paix prochaine et le besoin
d'organiser notre commerce avec l'étranger

sous un point de vue utile, rendent les momens précieux.

J'ai connu les pertes que nous avons éprouvées depuis un siècle, j'ai développé leur principe, leur cause successive et les fautes administratives qui y ont donné lieu ; je les rapproche, je les calcule, et j'en tire des résultats qui démontrent ce que nous aurions pu et dû faire, et les moyens que nous pouvons et devons employer pour profiter de nos avantages.

Il faut que la France connoisse sa situation actuelle, ce qu'elle possède, ce qu'elle consomme, son superflu, et la mise énorme qu'elle peut mettre dans le commerce des quatre parties du monde.

Mais il faut aussi qu'elle apprenne les pertes qu'elle a faites dans ce même commerce, ce qu'elle auroit pu gagner, et ce qu'elle peut et doit attendre de ses relations commerciales avec l'étranger, à l'aide d'une direction sage et éclairée qui ramène son mouvement vers des échanges utiles et des résultats avantageux.

La direction de notre commerce, à la paix, doit être établie sur des bases certaines ; l'impulsion qu'elle avoit, avant la révolution, ne peut plus nous convenir, sa marche doit être calculée et circonscrite dans les seuls moyens que le territoire et l'industrie nationale pourront lui offrir.

La division impolitique qui régnoit dans les moyens maritimes n'existera plus, nous nous honorerons enfin de vendre le superflu de nos productions territoriales et industrielles, aux nations qui pourront nous procurer les échanges les plus convenables.

Le commerce extérieur, celui qui procure les objets de consommation étrangers au sol, qui fait circuler nos productions dans toutes les parties du monde, nécessite une direction particulière.

Son mouvement exige une suite de connoissances d'où dépendent les combinaisons qui doivent diriger sa marche, pour pouvoir établir cet ordre méthodique que toute administration éclairée exige.

Son organisation doit avoir pour but de balancer avec avantage, la valeur du superflu des denrées et des objets industriels qu'on lui abandonne, avec celle des productions de toute nature qui nous sont importées de l'étranger.

A 3.

Notre commerce d'exportation et.d'importation étoit presque entièrement dans les mains des étrangers ; le bénéfice immense qu'il procuroit étoit nul pour nous ; les Anglais en faisoient leur profit ; il est essentiellement de notre intérêt d'arrêter les progrès de cette branche de leurs richesses.

Si les ressources de nos armateurs, celles de nos négocians et notre crédit rétabli, ne suffisent pas pour fournir au mouvement de nos relations commerciales, la protection soutenue et l'aide du gouvernement y pourvoiront, pour former d'abord une concurrence active dans les transports ; le temps et l'appât des avantages qui en résulteront, feront le reste.

Mais comme une longue expérience et les pertes que nous avons éprouvées, nous ont rendu plus réfléchis sur nos véritables intérêts, nous voudrons enfin calculer le mouvement de notre commerce d'une manière positive, pour nous rendre compte des résultats de la mise considérable que nous pouvons y mettre.

La nation française est populeuse, agricole , riche et grande en ressources ; son organisation doit être le tableau agréable et simple d'une nombreuse famille qui possède non seulement de quoi subsister , mais encore des moyens de jouissances dont elle peut user par la voie de son commerce avec les autres nations. Ses chefs doivent être instruits , 1°. de la valeur des produits généraux de toutes natures , 2°. de la consommation habituelle , 3°. du superflu qui existe , à pouvoir employer aux besoins qu'on s'est faits, et aux jouissances respectives que chacun peut se procurer.

Je vais rendre cette idée plus sensible par l'état de situation de la nation française elle-même à l'instant de la paix.

Ses produits territoriaux calculés sur trois années , donneront une valeur commune d'environ trois milliards cinq cents millions par an.

Ses moyens industriels de toutes natures, servant à l'entretien de nécessité , d'agrément , et même de luxe , formeront une valeur d'environ un milliard.

Son représentatif en numéraire *circulant* ou *stagnant* sera réduit par les événemens de la révolution , à une somme d'environ quinze cents millions.

Partant , les ressources annuelles de la France seront d'environ six milliards.

Sa population se portant à environ trente millions d'individus , présentera une répartition de 200 francs pour chacun.

Les dépenses de la société se divisent en quatre parties , dans les subsistances de première nécessité, prises sur le territoire, dans les objets indispensables d'entretien pris dans l'intérieur , dans la consommation des denrées et marchandises venant de l'étranger , et dans la contribution de chacun aux impôts directs et indirects.

Si la participation à la masse des ressources pouvoit être commune , chaque individu jouiroit annuellement , savoir ,

En denrées de toutes natures, prises sur le territoire , d'une valeur de..... 117 l.

En valeur destinée à l'entretien personnel et mobilier de .... 33 10 s.

En numéraire environ....... 49 10

Participation commune 200

Si les dépenses de chaque individu pou-

voient être égales relativement à la répartition des produits généraux, chacun pourroit disposer, savoir,

En denrées de première nécessité,
de.. 125 l.

En objets d'entretien personnel et
mobilier, provenant de l'industrie nationale..................................... 30

En consommation de productions
étrangères.................................. 25

Pour la participation aux impôts.. 20

Somme égale aux produits ren-
dus communs à tous......... 200

Mais comme, dans les revenus et les dépenses, il ne peut y avoir de parité entre des
hommes qui vivent des ressources respectives de leur travail, de leur industrie, de
leur commerce, de leur profession, de leur
emploi ou de leur propriété ; que les besoins
qu'on se fait, diffèrent en tout, et que chacun subsiste suivant ses moyens propres ; les
ressources et les dépenses communes deviennent une règle d'économie politique spéculative qui ne sert à rien, ne détermine
rien, et induit au contraire à former des
répartitions inconsidérées qui atténuent plu-

tôt la rentrée des contributions, qu'elles ne les rendent productives.

En réfléchissant néanmoins sur l'aperçu de cette masse de recettes rendue commune à chaque individu, on se convaincra que le peuple français surpasse en richesses de son propre territoire, tous les autres peuples connus ; que sa consommation en denrées de première nécessité, ses jouissances et ses ressources en général, sont au-dessus de ce que les autres nations peuvent prétendre ; mais aussi, que sa dépense en consommations étrangères au sol, en frais administratifs et en munificence nationale, suit non seulement le prorata de son immense produit, mais encore excéderoit la mesure de ses moyens, si les avantages d'un commerce extérieur n'ajoutoient pas aux produits généraux de la nation.

La France étoit la seule, parmi les puissances connues, qui fît un commerce d'échanges aussi considérable, sans profiter des bénéfices qui en résultoient ; elle consommoit pour environ un cinquième de la valeur des produits de son territoire, en denrées et en marchandises étrangères ; elle percevoit environ un dixième des produits bruts, tant territoriaux, industriels, que représentatifs, ce qui équivaloit à plus du cinquième du revenu net des contribuables ; aussi, son systême administratif la conduisoit pas à pas à une ruine inévitable.

On se persuadera difficilement que ce siècle éclairé, celui qu'on se plaisoit à appeler le siècle des lumières, s'écoula sans avoir pensé à s'assurer de la balance exacte des ressources réelles et des besoins indispensables du peuple. Aucun ministre n'a encore été assez particulièrement instruit des productions générales de la France, pour pouvoir annoncer d'une manière positive : « *Les subsistances sont assurées pour* » *tous, leur superflu pourvoira à l'achat* » *des denrées étrangères dont on s'est fait* » *un besoin : la nation peut être tran-* » *quille.* »

Cependant, de ce mobile de la tranquillité publique, dépend la sûreté de tous ; c'est aux gouvernans que sont confiés les moyens de répartir d'une main sage et prévoyante les premiers besoins que tous ont droit de prétendre à l'aide de leur travail ; c'est à eux seuls que l'organisation administrative doit rendre compte des détails qui amènent à la connoissance des ressources de la société , en ce qui concerne l'existence de chacun.

Les besoins de la vie ont rapproché les individus par les secours mutuels , les services , et même les jouissances , de manière que les denrées de première nécessité sont en quelque sorte devenues un patrimoine commun ; néanmoins , les produits généraux sont inconnus , les valeurs des denrées abandonnées au commerce extérieur , le sont également , la Providence semble seule nous diriger.

Notre révolution a produit une espèce de nivellement dans les droits respectifs et dans les fortunes , qui attachera la grande majorité par des liens plus rapprochés ; delà le besoin d'une protection plus immédiate , d'une administration plus attentive , et d'une détermination plus exacte dans la répartition des subsistances et dans celle des contributions possibles.

· Les Romains , qui étendoient leur domination dans les trois parties du monde alors connues, présentoient tous les ans au Sénat un rôle général matrice des contributions directes qu'ils percevoient , et par suite , un dénombrement de la population qui existoit dans le territoire de leur empire, et comme les contributions sur les peuples conquis, autres que les nations tributaires, portoient généralement sur le dixième des fruits en nature, ou par abonnement, sur une valeur représentative, les produits généraux ressortoient naturellement de l'ordre de leur perception, et la balance de la consommation s'établissoit par le nombre que donnoit la population ; aussi, Rome et les peuplades qui manquoient de subsistances, étoient-elles alimentées avec ordre et prévoyance par le superflu de la Sicile, de l'Afrique, etc.

Comment se peut-il que la France, concentrée dans un espace dix fois moins considérable, ne soit pas encore parvenue à connoître ses véritables produits pour les balancer avec la consommation nécessaire, et en extraire la partie du superflu destinée au commerce extérieur, pour se procurer en échange les productions étrangères au sol, dont on s'est fait un besoin et une nécessité pour les jouissances de la vie ?

Cette mesure devenoit indispensable à une sage administration ; une nation régénérée en sentira tout le prix : les moyens en sont si simples.

J'en appelle à nos Préfets ; je vais établir des aperçus ; qu'ils me rectifient, et le calendrier de nos produits, de nos dépenses en consommation de toutes natures, et du mouvement de nos relations commerciales sera établi.

Ils planent sur la totalité du territoire français, ils voient les différentes productions du sol ; ils doivent en connoître les quantités et les valeurs, pour juger si la consommation est relative à la population de chaque localité, si elle se balance, ou si elle donne des excédens. Ces connoissances sont les premiers élémens d'un administrateur éclairé.

Je leur demande 1°. quelle est l'étendue des terres en culture de leur division ? 2°. Quelle est la population des habitans qui y résident ? 3°. A quelle valeur peuvent s'élever les produits ? 4°. Peuvent-ils suffire, ou excèdent-ils les besoins de l'arrondissement et des habitans des villes qui s'y trouvent ? 5°. Enfin quel est le superflu ou le besoin de chaque département ?

De ces seules données ressortent toutes

les combinaisons, tous les calculs qui doivent diriger le systême général des subsistances et leur répartition dans les lieux où leur pénurie se manifeste.

De cette seule connoissance, ressort encore le superflu à pouvoir livrer au commerce d'exportation pour fournir à la valeur des échanges de toute espèce, qui nous viennent de l'étranger, ce qui donne la mesure de nos relations commerciales, et établit le thermomètre du mouvement de notre commerce.

Je vais encore, par une suite de mes principes, rendre cette idée plus frappante, par le résultat des calculs qui doivent servir de guide, sauf la rectification que j'ai demandée.

L'étendue de nos terres en culture se porte à quatre-vingt-quinze millions d'arpens; j'ai déjà dit que leurs produits donnent une valeur commune de trois milliards cinq cents millions.

Le strict nécessaire pour la subsistance de trente millions d'individus, ne peut être moindre de deux milliards cinq cent cinquante millions. Reste un superflu de neuf cent quarante-cinq millions.

La sage prévoyance d'une bonne administration voudra qu'il y ait toujours une réserve d'un dixième des produits de première nécessité d'une année sur l'autre, ce qui forme une valeur de trois cent cinquante millions ; conséquemment le superflu disponible à pouvoir abandonner au commerce d'exportation, s'élevera à cinq cent quatre-vingt-quinze millions. Voilà le régulateur de nos relations commerciales, pour ce qui concerne les productions du sol. La partie industrielle qu'on y joint, ne sauroit être trop considérable ; plus une nation livre au commerce de marchandises de ses fabriques, plus elle s'enrichit ; si au contraire elle excède la mesure d'exportation des denrées qui lui sont propres, elle restreint son nécessaire ; je vais démontrer cette vérité.

La consommation des productions étrangères de toutes natures, pendant les années 1786, 1787 et 1788, se porta à une valeur commune d'environ sept cents millions pour chacune ; les objets industriels ne fournirent pas un prorata suffisant, nos manufactures perdoient de leur ancienne faveur ; les Anglais avoient obtenu de grands avantages.

Notre

Notre commerce paroissoit néanmoins avoir une activité utile, les ports abondoient en productions étrangères; l'opulence des citadins, des grands et de la cour se manifestoit avec éclat; cependant les habitans des campagnes étoient opprimés, restreints dans leurs subsistances, ils étoient malheureux; les villes cachoient dans leurs réduits la plus pitoyable misère, et le trésor public étoit dans une pénurie extrême.

Venons aux causes premières de ces disparates impolitiques. Nos relations commerciales avec l'étranger étoient livrées à la libre impulsion des goûts, des caprices et du luxe des gens riches; les jouissances de la vie sembloient dépendre des productions étrangères; l'immense importation de ces objets, qui étoient inconnus il y a deux siècles, s'élevoit à une valeur d'environ sept cents millions.

Nos manufactures et nos fabriques avoient déchu de leur ancienne faveur, celles des Anglais étoient préférées, même par les Français, et la consommation qui se faisoit en étoffes étrangères, les anéantissoit insensiblement, rendoit leur exportation

B

moins considérable et forçoit celles des denrées du sol.

Et comme la masse des contributions sembloit suivre la progression des dépenses que nécessitoit la consommation générale des productions étrangères de toute espèce qui s'élevoit alors à près du cinquième des produits généraux de la France, le cultivateur se restreignoit sucessivement dans sa consommation habituelle pour fournir son contingent d'impôt, et l'exportation en augmentoit d'autant pour parvenir à balancer la valeur des échanges.

Le grand mal provenoit de ce qu'on puisoit toujours dans les produits de la terre, et qu'on ne rendoit presque rien aux reproductions de cette même terre ; car, l'énorme consommation des productions étrangères au sol, qui se payoient avec la valeur d'environ un cinquième de nos produits territoriaux, n'étoit uniquement faite que par à peu près le neuvième de la population, et les neuf dixièmes restant n'y participoient en rien. Cette vérité est prouvée par le fait qui existe ; l'ouvrier, le journalier, l'habitant de la campagne usent-t-ils de café, de sucre, de cacao ; portent-ils des satins et des mousselines des Indes ; recherchent-t-ils les marchandises de fabrique anglaise ?

Je démontrerai, peut-être le premier, que les relations commerciales de la France avec l'étranger, n'ont nullement participé à la progression des richesses nationales, et que la fausse direction qu'on leur a laissé prendre, a été au contraire le principal mobile de la position désastreuse de nos campagnes et de nos finances.

Les richesses d'une puissance dont la plus grande consommation se concentre dans les moyens de quelques individus privilégiés et favorisés, et qui laissent le restant du peuple dans la misère, ne sont point des richesses nationales ; la Pologne en est un exemple, la France en fut un plus remarquable encore.

De l'immense commerce extérieur de la France, qui emportoit un cinquième des produits territoriaux, on voit un neuvième seulement de sa population profiter des jouissances que l'importation générale de l'étranger procuroit ; on voit encore les autres nations, et particulièrement les Anglais, profiter des bénéfices que le mouvement de ce commerce facilitoit ; et on voit enfin qu'au

lieu des avantages que les cultivateurs de-
voient en attendre , il n'en résultoit qu'une
réduction sensible dans leurs moyens d'existence ; que de fautes administratives l'homme
réfléchi apercevra dans cet exposé véritable
de la direction de nos relations commerciales !... J'en développerai successivement
le principe , la cause et les effets.

Mais quand l'administrateur éclairé voudra trouver la base de la progression de
nos richesses effectives , il calculera les
rapprochemens suivans.

Dans le commencement du dix-septième
siècle nous ne possédions qu'environ cinquante cinq millions d'arpens de terre en
culture ; la population étoit de dix huit
millions cinq cent mille d'individus ; la participation aux contributions générales n'é-
toit que de neuf livres pour chacun ; la consommation étrangère au sol étoit seulement
d'environ cent cinquante millions , et chaque individu pouvoit prétendre , par son
travail , son industrie ou ses services , au
produit des denrées de première nécessité de
trois arpens moins un trente-sixième de terre
cultivée , ce qui laissoit aux cultivateurs et
à la masse du peuple en général des moyens

de subsistance dont nos pères nous ont vanté plus d'une fois l'agrément et les jouissances.

Cinquante ans après, les terres en culture furent portées à soixante millions d'arpens ; la population s'étoit élevée à vingt millions d'individus ; la participation commune aux impôts étoit de quinze livres pour chacun, et la consommation étrangère au sol se montoit à une valeur d'environ quatre cents millions. Dès-lors, la masse des consommations habituelles du peuple, éprouva une réduction sensible, parce que l'exportation des denrées du territoire devint plus considérable à raison des importations, dont la valeur avoit nécessité une plus grande mise dans le commerce pour balancer les échanges.

En 1788, la totalité des terres en culture se trouva portée à soixante-quinze millions d'arpens ; la population à vingt-quatre millions d'individus ; la participation commune à la masse des impots étoit de vingt-une livres dix sous pour chacun, et la consommation étrangère au sol, à environ sept cents millions.

La balance des moyens, des ressources,

B 3

des recéttes et des dépenses, n'eut plus
de rapport avec les produits généraux, la
nation française ne pouvoit plus supporter
le poids accablant de ses dépenses administratives et du désavantage de ses relations
commerciales.

La révolution se fit peu de temps après,
et la France déploya ses véritables richesses
aux yeux de l'Europe ; elles n'avoient été
que concentrées, on les dissémina, et leurs
reproductions alimentèrent seules pendant
dix ans de troubles, de guerre et de désordre
une population immense qui consommoit
plus d'une moitié en sus des temps ordinaires ; à la vérité, l'importation des productions étrangères n'avoit pas retiré, pendant ce laps de temps, de notre territoire, le
prorata seulement des années 1786 et 1787.

Enfin l'an 8, nos conquêtes et nos défri-
chemens particls, ont porté les terres en
culture à environ quatre-vingt-quinze millions d'arpens ; notre population s'est élevée
à plus de trente millions d'individus ; chacun
peut prétendre par son travail à un produit
de première nécessité, de trois arpens et un
sixième d'arpent; la participation aux contributions générales est d'environ vingt fr.

par individu , et la consommation des productions étrangères au sol , restreinte par
les circonstances de la guerre , semble nous
indiquer le calcul que l'intérêt de la société
commande , pour la mesure des besoins que
nous nous sommes faits à cet égard.

Ce simple exposé suffira pour faire juger
du principe de la progression de nos richesses et de celle de nos dépenses ; et à
coup sûr , l'administrateur se dira : « Avons-
» nous pu prendre sur nos produits terri-
» toriaux une valeur de denrées aussi con-
» sidérable que celle des productions étran-
» gères que nous avons consommées ; et les
» contributions qu'on a successivement qua-
» druplées depuis un siècle , en forçant le
» cultivateur de restreindre sa consomma-
» tion, ce qui a facilité l'exportation d'une
» plus grande quantité de denrées , ont
» elles été établies sur des combinaisons
» justes et calculées sous des rapports poli-
» tiques ? »

Ces questions amènent à des rapprochemens qui tiennent aux liens les plus intimes
de la société , aux moyens de subsistance et
aux ressources certaines que nous pouvons
avoir en superflu pour fournir à la valeur

B 4

des échanges que nos besoins, nos jouissances et notre luxe nécessitent.

En se reportant au commencement du
siècle, en suivant les époques remarquables
qu'on a citées, en comparant les causes de
l'accroissement du commerce et ses effets,
aux productions territoriales, on trouve
toujours les dépenses de l'État et celles de
la consommation étrangère au sol, marcher
d'un pas à peu près égal ; mais les produits
généraux qui y fournissoient, étoient loin
d'avoir acquis la même progression ; aussi
la France donnoit-elle l'exemple de ces
riches mal aisés, qui possèdent beaucoup,
mais qui dépensent encore davantage.

En effet, la masse des impots avoit qua-
druplé; la valeur de la consommation étrangère au sol avoit quintuplé, et la progression
de nos véritables richesses, *nos terres en
culture* n'avoient gagné qu'environ trois
dixièmes de 1700 à 1788.

En vain voudra-t-on opposer la différence
des valeurs; la consommation porte uniquement sur l'objet, sur la quantité et sur
la qualité. Je peux me nourrir avec du pain
de fleur de farine comme avec du pain bis,
je peux boire du vin de la première qualité

comme de la ripopée , je peux me vêtir d'une étoffe précieuse comme d'un habit de bure ; voilà des différences : la question est de savoir , si la société en général avoit une existence et un entretien plus conformes à ses moyens rééls dans les commencemens du siècle , qu'elle ne les a eus vers la fin.

Administrateurs , voilà le problème qu'il faut résoudre en faveur du bien commun.

Je vais le développer d'après le mouvement de nos relations commerciales et les dépenses de l'État.

Les consommations de première nécessité ne varient qu'à raison du plus ou moins de population , celles qui sont étrangères au sol , que nous ne connoissions pas il y a deux siècles , dont nous nous sommes fait un besoin de caprice , de jouissance ou de luxe , se sont toujours accrues depuis environ 90 ans , sans aucune mesure , aucun ordre , aucun autre calcul , que l'impulsion du goût dominant qui se propageoit dans les villes ; le commerce prit cette seule direction , et ses résultats devinrent préjudiciables , attendu que pendant ce même espace de temps , nos terres en culture n'ayant gagné qu'environ un tiers , la popu-

lation ayant acquis environ un quart, et
les dépenses administratives, et celles étrangères au sol, ayant outre-passé les moyens
et les besoins respectifs, il est arrivé,
que quoique la France fût évidemment
plus riche qu'au commencement du siècle,
par ses propriétés, néanmoins elle se trouva
obérée dans ses finances et restreinte dans
ses moyens d'existence vers la fin, parce
que le commerce extérieur avoit été forcé
d'empiéter sur les produits généraux pour
payer la valeur des importations, et que la
partie industrielle ne fournissoit plus un
contingent suffisant pour pouvoir écono-
miser celle des denrées du territoire, ce
qui cumula une foule d'inconvéniens d'autant plus dangereux, que de la pénurie qui
existoit toujours dans le trésor public, de
l'incertitude où l'on étoit sur l'existence ou
la non existence des moyens d'alimenter le
peuple, il se manifesta des craintes, des
troubles, des émeutes, et même des besoins
réels qui jetèrent l'effroi et provoquèrent
les premiers désordres.

Nous possédions cependant les choses les
plus rares et les plus précieuses des quatre
parties du monde ; nos villes et nos ports

étoient encombrés de denrées et de marchandises étrangères, le commerce fournissoit à
toutes les jouissances d'agrémens et de luxe;
et le gouvernement n'avoit aucune connoissance des ressources premières qui pouvoient
faire subsister le peuple avec les produits du
territoire.

Les cultivateurs pressurés de toutes les
manières, s'étoient restreints au plus strict
nécessaire depuis nombre d'années ; la société vivoit du jour le jour ; les acaparemens des denrées de première nécessité
étoient tolérés ; c'étoit le commerce des
bleds; le gouvernement lui-même....... ma
main tremble et ne peut tracer des détails
qui feroient rougir une nation qui se réor-
ganise pour le bien de tous.

Les sources de nos véritables richesses
manquèrent quelquefois, parce qu'on les
resserroit de toutes parts, et qu'on les con-
centroit inconsidérément. Souvent des écou-
lemens clandestins, des spéculations astu-
cieuses faisoient éprouver une gêne mo-
mentanée. Le commerce extérieur livré aux
étrangers, son bénéfice étant presque nul
pour nous, les spéculateurs s'attachoient
aux denrées de première nécessité, et ga-

gnoient sur les consommateurs nationaux ,
ce qu'ils auroient dû gagner uniquement sur
les produits de nos relations commerciales
avec l'étranger.

A la vérité, le système politique du gouvernement, dominé par les circonstances
humiliantes d'une guerre malheureuse, fut
obligé de circonscrire ses moyens maritimes,
de faire des traités de commerce désavantageux, et de réduire le mouvement du commerce des Français aux échanges qu'on ve-
noit leur offrir. Et, quoique la France fournît
dans le commerce général, la mise effective
la plus considérable de toutes les nations du
monde, elle étoit une de celles qui en reti-
roit le moins d'avantages, parce qu'elle étoit
celle qui consommoit le plus, et qui n'obtenoit presqu'aucun bénéfice sur l'étranger,
du transport et de la revente de ses propres
denrées.

Cet état de détresse de l'économie politique française, n'étoit éclairé ni redressé
par aucun administrateur assez ferme pour
empêcher le mal qui se propageoit.

On trouve cependant dans les mémoires
et la correspondance de quelques anciens
intendans de province, une infinité de pas-

sages qui indiquoient bien positivement que l'impulsion du commerce extérieur tendoit uniquement à favoriser le luxe et les besoins d'agrément et de jouissance qu'on s'étoit faits, et l'avantage des cultivateurs n'y entroit pour rien.

L'administrateur de Fourny, intendant de la ci-devant province de Guienne, écrivoit : « Les récoltes du bled et du vin ont » été bonnes ; nous exportons dans nos colo- » nies nos plus belles farines, on en rapporte » du sucre, et du café, etc. Les meilleurs » vins et les eaux-de-vie qu'on fait avec des » vins de qualité inférieure, sont pris par les » Anglais et les Hollandais, qui nous remet- » tent des épiceries, des étoffes, des mar- » chandises des Indes, et quelques matières » premières.

« Les cultivateurs se plaignent que la » presque totalité de la vente de leurs den- » rées passe au paiement des impôts et à » quelques étoffes grossières qui servent à » les vêtir, et qu'il ne leur reste que le plus » strict nécessaire.

« Il est à remarquer que dans les échanges » qui se font, non seulement rien ne retourne » à l'utilité de ceux qui fournissent la pre-

» mière mise, mais encore que le prix de
» leurs denrées n'a pas l'avantage que les
» objets échangés obtiennent généralement
» dans le cours du commerce. On nous
» achète de première main au plus bas prix
» possible, et on nous porte des denrées
» étrangères dont nous payons le transport
» et la différence de la valeur locale, à celle
» de la vente sur nos foyers, à laquelle on
» ajoute le droit d'entrée ; tout est à la charge
» des Français ; je ne vois rien à notre avan-
» tage, que la facilité de vendre parce qu'on
» est forcé de vendre pour fournir aux con-
» tributions, et on saisit toujours l'instant
» où les besoins pécuniaires se manifestent.

Le même disoit : « Depuis que les femmes
» qui vendent dans les marchés, prennent
» du café, elles sont acariâtres ; quand
» elles buvoient du vin, elles étoient plus
» gaies ».

Un autre intendant qui se trouvoit au
port de l'Orient, écrivit au ministre : « J'ai vu
» les riches magasins des étoffes et des objets
» venant de l'Inde et particulièrement de la
» Chine ; j'ai demandé si les Mandarins et
» leurs femmes portoient des étoffes de Lyon :
» on m'a répondu qu'ils ne s'habilloient et

» ne se servoient que des objets de leurs
» propres fabriques. On a raison de dire que
» ces gens-là sont sages, et plus sages que
» nous. »

Il convient néanmoins à une grande
nation qui possède au-dessus de ses besoins
d'user de ses richesses par tous les moyens
qui peuvent donner une idée de sa puissance.
Il convient aussi aux hommes riches d'avoir
des jouissances, elles procurent toujours
une participation secondaire dont une foule
d'individus profitent. Mais un gouvernement qui s'organise pour le bien de la société, doit prévenir le danger des extrêmes,
calculer l'étendue des ressources de toutes
natures, et les balancer avec les dépenses
générales.

Quand les seules dépenses des bâtimens
à la charge de l'État, faits sous Louis XIV
et Louis XV, s'élevèrent à plus de six cents
millions, et que les dépenses en constructions de vaisseaux se portèrent, tout au
plus, aux deux tiers de cette valeur, avoit-
t-on calculé d'une manière sage et politique ?.....

Les Anglais au contraire, construisirent
pour près d'un milliard de vaisseaux, et bâ-

tirent pour tout édifice , Berthlam , hôpital destiné pour les fous. Ne diroit-t-on pas que cette nation avoit fait une caricature pour ridiculiser les inconséquences de notre gouvernement ?

En effet, nos dépenses administratives et de consommations étrangères au sol , excédoient toujours ce qui pouvoit être pris sur nos produits généraux ; aussi étoit-on obligé de recourir aux emprunts , et la balance de notre commerce devenoit de jour en jour plus préjudiciable , attendu que les étrangers qui mettoient des fonds dans nos emprunts publics , en retiroient annuellement un intérêt qui se prenoit encore sur la masse de nos produits.

Ces désavantages étoient suivis de résultats non moins funestes en politique ; nous enrichissions nos ennemis naturels du bénéfice énorme que procuroit l'exportation et l'importation de notre propre commerce.

Nos relations commerciales avoient donné une valeur d'environ trente sept milliards depuis 1700 jusqu'en 1788 , le bénéfice de leur mouvement se porta à plus de six milliards, dont les Anglais profitèrent pour plus de moitié.

Les

Les seuls avantages restés à la France, ont été un fonds de magazin d'objets rares et de pur luxe, dont une grande partie se sont enfouis, anéantis sous les décombres de la révolution ; une immense quantité de denrées coloniales qu'on a gaspillées et dilapidées, et environ quinze cents millions en numéraire, dont environ huit cents millions ont disparu.

La marine est restée dans un état de foiblesse honteux, les cultivateurs ont langui dans une gêne perpétuelle, le trésor public n'a cessé de se trouver dans une pénurie extrême, et la dette nationale augmentoit tous les ans. Quel bilan ! pour une puissance qui jouissoit à l'époque de 1788, savoir :

En produits terri-
toriaux environ de . 3 milliards.

En objets indus-
triels environ de . . .   800 millions.

En numéraire en-
viron de . . . . 2 milliards 200 millions.

Richesses de 1788. 6 milliards.

Le mouvement de notre commerce d'*exportation* et d'*importation* sélevoit à une valeur d'environ quatorze cents millions par an.

C

Mais notre dette nationale se portoit à près de cinq milliards ; notre commerce n'étoit qu'un échange des productions du territoire, pour des productions étrangères que nous consommions ; nous ne gagnions rien sur l'étranger, nous puisions uniquement sur notre sol, et les intérêts de notre dette, en addition de nos dépenses administratives, nous obéroient.

La révolution a tout changé, et tout devient remarquable, étonnant, inconcevable, quand on fait des calculs et des rapprochemens réfléchis sur les ressources de la France. Ce ne sont plus des fautes administratives qui se succèdent, c'est un torrent d'opinions sulphureuses qui embrâsent tout ce qu'elles peuvent atteindre ; on ne calcule plus ; il se fait une dépense de quarante sept milliards en papier monnoie pendant cinq années seulement. Nos succès guerriers se prononcent malgré les efforts des puissances coalisées qui se montrent de toutes parts; bloqués dans tous nos ports, sans commerce, sans marine, nous agrandissons notre territoire par des conquêtes ; et nous vivons pendant près de dix ans sur nos seules productions. La guerre continue, mais le calme intérieur renaît ; nous battons l'ennemi et nous demandons la paix ; les Français enfin sont toujours Français, et les productions de leur territoire semblent seconder l'énergie nationale par l'abondance la plus soutenue dont on ait joui depuis plusieurs siècles.

L'espoir d'une paix prochaine fait oublier les maux de la révolution, chacun compte sur un avenir plus heureux, et les esprits les plus effervescens deviennent calmes : l'administrateur éclairé fera plus, il deviendra réfléchi, calculateur, prévoyant.

L'essor que prendront nos relations commerciales à la paix, nous prépare cependant les mêmes dangers, les mêmes pertes et les mêmes inconvéniens que nous avons éprouvés ; nos ennemis cesseront de faire la guerre, mais ils ne cesseront jamais de combiner leur commerce à notre détriment ; ils nous prodigueront des jouissances que nous chérissons, et notre mise dans le commerce deviendroit encore le mobile de leurs richesses, si nous n'établissions pas une direction calculée d'après nos produits, les ressources industrielles qui nous restent, et la valeur des denrées et marchandises étrangères que nous pouvons et devons consommer, pour parvenir à rendre le mouvement de nos relations commerciales utile à la culture, avantageux à la marine, et productif à l'ensemble de la société.

Il est constant que depuis 1700, nous avons exporté chez l'étranger pour une valeur d'environ dix-huit milliards cinq cents millions, dont plus de douze milliards ont été pris sur nos productions territoriales ; que les contributions de cette dernière valeur ont été perçues avant l'exportation, et que le bénéfice fait sur l'étranger par notre propre commerce ne nous a pas mis à portée de récupérer la valeur seule de l'impôt que le cultivateur avoit supporté.

Est-ce là une économie politique bien entendue ? L'étranger ne doit-il pas payer, d'abord, le montant de l'impôt de la denrée qu'il consomme à celui qui la lui procure par la filière des droits de sortie ? ensuite, le gouvernement ne devroit-il pas alléger le cultivateur qui la fournit, du montant qu'il en auroit perçu ? Voilà cependant un des premiers avantages que la culture devroit retirer du commerce d'exportation ;

et il n'est que trop vrai que nos propriétaires de terres ont payé à l'État plus de
quinze cents millions pour les contributions des denrées qui ont été consommées
par les nations étrangères.

Il est constant encore que la valeur des
productions étrangères de toute espèce,
qui nous ont été données en échange, s'est
portée à peu près à la même somme de dix-
huit milliards cinq cents millions ; que la
consommation en a été faite par environ le
neuvième seulement de la population la plus
fortunée, et que les droits d'entrée qu'on
a perçus ne s'élevoient pas même au montant
de l'impôt exigé sur la valeur des denrées
du sol, livrées à l'étranger, en paiement
de ces échanges.

Ici le calculateur s'indigne, et l'administrateur réfléchi se demande ; quel a pû être
le système d'un gouvernement qui a facilité, pendant nombre d'années avant la
révolution, une importation étrangère d'environ six à sept cents millions par an, dont
la consommation étoit faite par les seules
personnes aisées ou riches, et sur laquelle
on ne percevoit même pas une valeur égale
à celle de l'impôt établi sur les denrées du

C 3

sol, qui devenoient communes à la société entière ?...

La direction de nos relations commerciales ramènera insensiblement aux vrais principes de l'impôt, parce qu'elle démontrera où se trouvent les produits, ceux qui profitent de leur valeur, et ceux qui doivent contribuer par des proportions exactes, aux dépenses du gouvernement.

Les fautes administratives d'une grande nation proviennent toujours des idées spéculatives qui se propagent dans toutes les parties.

La France se croyoit trop riche pour que ses administrateurs voulussent s'astreindre à calculer d'une manière positive, et elle étoit trop dispendieuse pour balancer strictement ses recettes avec ses dépenses, il suffisoit d'avoir des aperçus. Le mouvement de nos relations commerciales, dans sa marche aussi libre qu'incertaine, en avoit de si inexacts, qu'on ne jugeoit que par la variation du change, de notre position avec l'étranger, c'est-à-dire, après que le mal étoit fait.

Lorsque le ministre des finances qui calcula si méthodiquement la longueur, la largeur de la France et sa population par petits quarrés, eut publié nos dépenses et notre *deficit*, n'auroit-il pas pu nous apprendre aussi à combien s'élevoient nos produits généraux, ce que nous consommions, et le superflu que nous pouvions livrer au commerce extérieur? Il nous auroit délivrés d'une sollicitude bien pénible, car nous fûmes menacés de manquer de subsistances, et il nous donna lui-même un bel exemple de réforme en mangeant à sa table du pain métis, tandis que nos meilleurs bleds sortoient clandestinement de plusieurs de nos ports, et qu'il en rentroit de qualité inférieure par d'autres.

Je demande si les récoltes de 1788 et 1789 furent insuffisantes pour la subsistance des Français? je demande encore si les productions étrangères n'abondoient pas, et s'il n'en existoit pas même pour la consommation de plusieurs années?

Homme instruit, que j'aime à citer, je ne prétends pas comme vous à la célébrité; mais si notre nouveau gouvernement veut protéger mes efforts, le peuple français aura tous les ans la certitude de sa consommation, et il connoîtra le superflu qu'il

C 4

peut abandonner au commerce, en échange des productions étrangères qu'il peut et doit consommer ; il éprouvera l'influence de nos relations commerciales d'une manière avantageuse, dans tous leurs rapports, et le cultivateur jouira de la plénitude des effets qu'il doit attendre de l'exportation de ses produits.

Je dois rappeler ici la grande question qui s'agita sur le commerce des bleds ; elle produisit de savantes dissertations et des rapprochemens très-instructifs sur les anciens et les modernes ; mais personne ne s'avisa de calculer nos véritables ressources : cependant tout se réduisoit à deux points généraux très-simples.

Possédons-nous au-dessus de nos besoins de première nécessité ? vendons notre superflu.

Ne possédons-nous que ce qu'il faut pour vivre ? gardons précieusement ce que nous avons.

Mais comme on n'avoit aucune connoissance exacte des produits annuels, nos écrivains s'abandonnèrent à des idées spéculatives qui firent pitié, et l'homme de bon sens disoit : « Se pourroit-il que dans le plus beau

» et le meilleur pays de l'Europe il fallût
» avoir recours aux côtes d'Afrique pour
» pouvoir subsister !.... Se pourroit-il en-
» core que le jeu du commerce exigeât
» qu'on fît sortir de nos propres grains par
» l'Océan , pour en faire venir d'étrangers
» par la Méditerranée !

Les principes mal entendus de la liberté
du commerce , l'ignorance où nous avons
été de la mise que nous pouvions y donner,
nous avoient réduits à un système spécu-
latif que nos enfans ne pourront pas supposer. La révolution et la cessation de nos relations commerciales pouvoient seules nous
ramener à des calculs réfléchis sur les moyens
de régulariser nos échanges d'une manière
plus utile , par la connoissance des valeurs
que nous pouvons donner pour celles que
l'étranger nous procure.

Voulez-vous détruire les acaparemens ,
ou ce qu'on appelle le commerce des bleds
dans l'intérieur ? organisez une direction de
commerce qui vous mette à portée d'annoncer tous les ans , à la même époque , la
quantité de cette denrée , les besoins de la
consommation générale , les dispositions
prises pour alimenter les départemens qui

en manqueront, la réserve qu'une sage
prévoyance prescrira, et le superflu à pouvoir abandonner au commerce d'exportation. Alors personne ne se hasardera de former des spéculations dangereuses, qui font
languir le consommateur, pour lui faire
payer une attente combinée. Alors le gouvernement assuré des subsistances communes à tous, pourvoira avec économie et
prévoyance au défaut réel des récoltes locales. Alors enfin, le commerce pouvant
spéculer sur la certitude d'un superflu déterminé, se bornera à la donnée qu'on
réglera. Voilà la solution des nombreux
mémoires sur le commerce des bleds ; et
comme la liberté entière ou la stricte prohibition de ce commerce deviendroient également dangereuses et nuisibles, il faut nécessairement un régulateur qui se trouve
uniquement dans la quantité de ce produit.
Préfets administrateurs, vous nous le pro-
curerez, et la société n'éprouvera plus de
crainte sur le défaut des subsistances.

Nos récoltes varient, et le cours des denrées ne suit jamais exactement le plus ou le
moins de leur produit ; on distingue vulgai-
rement leur quantité, par *bonne*, *médiocre*

et *mauvaise*, ce qui donne une variation de trois à un, et nous ramène, en principe de parité, à une démonstration bien sensible ; c'est que toutes les fois que nous sommes réduits à une récolte médiocre ou mauvaise, et que nos dépenses étrangères sont les mêmes, nous anticipons sur les produits de l'année suivante.

On ne peut pas mettre en doute que le désavantage successif de notre balance de commerce, ne provienne d'abord de cette cause, et par suite, des excédens de cette consommation habituelle que nous avions toujours en magasin.

L'Anglais et le Hollandais obvioient à cet inconvénient par le commerce de réexportation ; leurs ports étoient encombrés de denrées et de marchandises étrangères, mais ils les vendoient aux autres nations ; nos villes l'étoient également, mais c'étoit uniquement pour notre consommation intérieure.

Plusieurs écrivains ont parlé du commerce immense que font les Anglais, ils ont également raisonné sur celui des Français, mais aucun n'a distingué les avantages respectifs que chacune de ces nations pouvoit en retirer relativement à ses propres denrées.

La puissance qui ne peut presque rien donner du superflu de ses productions territoriales, comme l'Angleterre, doit faire un commerce bien différent de celui de la France, qui puise uniquement dans les produits de son sol et de sa propre industrie ; aussi ses relations commerciales sont-elles l'inverse de celle des Anglais ; ceux-ci, achètent de toutes les nations, et vendent à tous les peuples qui leur offrent des bénéfices ; les Français au contraire, vendent uniquement leurs productions pour acheter ce qu'ils consomment, ou pour se procurer des jouissances.

Les Français donnèrent les premiers l'idée des avantages d'une industrie agréable et utile, ses produits favorisèrent son commerce vers la fin du seizième siècle, jusques vers le tiers de celui qui vient de finir. Les Anglais en calculèrent tous les avantages, et jugèrent qu'ils pouvoient nous rivaliser à l'aide des matières premières qu'ils tiroient directement des Indes. Ils parvinrent à avoir le secret de nos manufactures par les fabricans et les ouvriers qui quittèrent la France après la révocation de l'édit de Nantes, circonstance désastreuse et impolitique que le fanatisme de religion provoqua, et qui nous fit perdre soixante mille familles recommandables par leurs services et leur utilité. Les Anglais en accueillirent le plus grand nombre, leur fournirent des moyens, et ils s'approprièrent nos manufactures les plus accréditées; ils firent plus, ils établirent des filatures de coton qui leur procurèrent une grande économie sur la main-d'œuvre; ils essayèrent nos goûts sur les étoffes des Indes, sur l'acier poli, sur une infinité d'objets aussi agréables qu'utiles; tout réussissoit au-delà de leur espérance; on eût dit que l'esprit d'industrie, qui caractérisoit les Français, avoit passé chez ces insulaires; tout ce qui étoit anglais étoit préféré, et l'anglomanie enfin, s'empara de tous les cerveaux; cette épidémie dura long-temps; et malgré les bouleversemens de notre révolution, et les désastres intérieurs que les Anglais nous ont occasionnés, il en reste encore des vertiges.

On jugera par un seul des mille exemples que je pourrois citer, de la différence de l'esprit national de ce peuple. Un jeune Anglais revenant de France, apporta une broderie de Lyon, pour faire appliquer sur

un habit ; il vantoit beaucoup l'élégance
et la légèreté de l'ouvrage ; son père riche
négociant de la cité de Londres, le consi-
déra avec attention, s'informa du prix, et
loua même l'art de la main-d'œuvre. Il
manda en secret un ouvrier Anglais, lui fit
voir la broderie, la lui confia et lui promit
dix guinées, s'il parvenoit à en faire une
pareille. L'ouvrier lui en porta une de sa
façon peu de jours après, elle étoit exactement pareille au dessin, et on pouvoit même
s'y méprendre au premier aperçu. Voilà
votre broderie, dit le père à son fils, en lui
donnant celle de l'ouvrier anglais, j'ai à
vous parler, descendons déjeûner. Le jeune
homme obéit ; il remarqua sur la table à
thé un grand vase plein de cendres d'un
côté, et des parcelles d'or de l'autre ; il de-
manda ce que cela signifioit. C'est un partage que je veux faire, dit le père ; cette
cendre appartient aux Français, vous pouvez
la leur envoyer, la matière est à vous, c'est
l'or de la broderie que vous leur avez achetée,
tachez d'en mieux user.........

.... Si nos pères nous avoient donné de
telles leçons !

Depuis quatre-vingt-dix ans nous avons

depensé et consommé pour environ deux milliards cinq-cents millions d'étoffes étrangères. O combien de manufactures se seroient établies du bénéfice que l'étranger a fait sur nous, avec cette seule branche de commerce !

On est bien convaincu que la manufacture des glaces, celle de porcelaine de Sèvre et celle des Gobelins, n'auroient jamais acquis la réputation qu'elles méritent, si le gouvernement ne les avoit pas soutenues ; celle de la Savonnerie nous a fait oublier les tapis de Turquie ; nous aurions rivalisé toutes celles de l'Angleterre si nous l'avions voulu.

L'industrie nationale doit être étayée des avantages du commerce extérieur ; c'est sur les productions étrangères qu'on doit prendre ce qui peut faciliter, hâter, raviver les inventions et les perfectionner. Je proposerai à cet égard une prime d'encouragement et des secours particuliers à prendre sur les droits d'importation. Je développerai plus positivement les ressources qu'on pourra se procurer pour effectuer cet objet essentiel. Mais, malheur à nos caprices, à nos modes et à notre foible patriotisme, si nous continuons à préférer les étoffes étrangères, aux tissus agréables de nos propres fabriques !

Une des principales causes qui a ralenti la marche de notre commerce dans les branches purement industrielles, c'est la disposition des lois répressives et prohibitives.

Il y a environ quarante-cinq ans que nos manufactures de toiles de coton brochées, avoient obtenu une faveur qu'on vouloit protéger et maintenir. Les toiles peintes de la Suisse parurent en France ; les femmes les préférèrent. Le gouvernement s'opposa à la mode, au goût, au caprice ; prohiba les toiles peintes, défendit d'en porter, et permit de les saisir par-tout où l'on en trouveroit. On arrachoit le mouchoir qui couvroit la gorge des filles, on enlevoit le jupon et le tablier à d'autres, rien n'étoit respecté ; il s'ensuivit des rixes sans nombre. Les femmes persistèrent à s'habiller de toiles peintes ; il s'en fit un commerce de contrebande qui produisit beaucoup à la Suisse, et fit tomber nos fabriques de toiles de coton brochées dont on ne vouloit plus ; enfin environ vingt ans après, le gouvernement permit qu'on établît des fabriques de toiles peintes en France, qui devinrent bientôt plus agréables que celles de la Suisse. Mais les

les Anglais, qui nous avoient gagné de vîtesse, étoient déjà parvenus à faire des contrefaçons de leur propre main-d'œuvre, des toiles peintes des Indes et de Perse, que nos femmes préférèrent encore à celles de nos nouvelles fabriques.

Nouvelle prohibition de la part du gouvernement, nouveaux efforts de la part des contrebandiers, et nouvelle perte pour notre industrie, que quelques légers sacrifices et une prévoyance éclairée nous auroient mis à portée de prévenir, si nous avions saisi le moment propice pour établir de semblables fabriques.

A peu près dans le même temps on rendit une loi en Angleterre, qui donne une idée bien différente des principes administratifs de cette nation ; il s'agissoit d'encourager et de propager leurs manufactures de boutons ; la loi étoit simple, elle portoit que tout tailleur qui feroit un habit avec des boutons d'étoffes seroit condamné à une amende de mille livres tournois. La liberté anglicane ne fut point compromise, les tailleurs exécutoient seuls la loi ; tout individu porta des boutons de métal ; de-là, la recherche dans la main-d'œuvre, les boutons

D

d'acier poli, damasquinés, etc. Dans moins de vingt ans toute l'Europe fut inondée de boutons anglais ; et les Français achetoient leurs boutons et n'en fabriquoient pas !....

Toutes les nations conviennent que le commerce doit être libre, néanmoins chacune en particulier raisonne et calcule ce qui peut lui être avantageux ou désavantageux ; de-là les traités de commerce, dont les articles établissent les restrictions dans les échanges.

Mais la politique des nations et celle du commerce diffèrent toujours dans leurs vues spéculatives. L'administrateur juge que l'entrée de telle denrée ou marchandise peut être nuisible à celle du sol ou à l'industrie nationale. Le commerçant au contraire, qui ne calcule que son propre intérêt, agit d'après l'espoir de faire un plus grand bénéfice ; de-là la nécessité des prohibitions ou des droits d'outre-mesure. Il s'établit alors une espèce de guerre intestine entre ce qu'on appelle les contrebandiers et les suppôts des droits, qui entraîna une infinité de rixes, de désordres et même de crimes.

En France, le sel, le tabac et les marchandises anglaises prohibées nécessitoient plus de vingt mille commis pour la surveillance et le maintien des réglemens à cet égard ; plus de vingt mille contrebandiers, souteneurs ou adhérens, formoient le parti contraire ; tout ce monde-là vivoit sur les prises ou le passage des objets qui entroient et se consommoient dans l'intérieur.

En Angleterre, les vins, les eaux-de-vie de France, les linons, les dentelles et une infinité d'autres objets, sont soumis à des droits si exorbitans, que la contrebande y trouve des avantages considérables; aussi y est-elle organisée sous le nom de *Smoglery*. On se bat, on se pille, on se tue. Les *Smoglers*, et les *Excisemen*, forment deux partis qui sont nuit et jour en guerre. Les Anglais conviennent que cette manie, provoquée par le plus sordide intérêt, est aussi inhumaine qu'impolitique, néanmoins ils la laissent subsiter. Leur avidité surpasse leur patriotisme à cet égard.

L'organisation du droit de passe dans l'intérieur de la France, fournira tous les moyens possibles pour disséminer les droits, car la contrebande ne peut s'alimenter que par des données avantageuses qui offrent un gain attrayant à celui qui la fait. Au

reste, le grand art ne consiste pas à établir
des droits, mais dans la manière de les
percevoir avec le moins d'inconvéniens
possibles.

Le commerce doit être libre, mais c'est
sur les mers ; le traité le plus avantageux
que la nation française puisse faire, est la
faculté respective de pouvoir vendre et acheter librement dans tous les ports.

Les droits que chacun juge convenable
de percevoir dans les douanes respectives,
ont donné lieu à des articles, à des con-
ventions, qui ont pour but d'établir une
balance dans les échanges ; qu'en a-t-il ré-
sulté d'avantageux pour nous ?

Chaque puissance connoît son fort et
son foible dans les échanges commerciaux,
et tout le mal provient de la consommation trop considérable qu'on se permet,
d'objets nuisibles à celle que le sol peut
fournir.

Que les Anglais recherchent les vins
français, parce qu'ils n'en recueillent pas,
et que leur économie politique les porte à
empêcher que cette consommation n'excède
ce qu'ils peuvent y sacrifier ; on ne voit
en cela que le systême d'un gouvernement

sage qui calcule ses ressources et qui ne veut pas les outre-passer.

Que l'industrie française, aidée des mêmes matières et des mêmes procédés dont les Anglais se servent, ne puisse pas parvenir à égaler leurs fabriques et leurs manufactures ; ce n'est pas au defaut d'industrie qu'il faut s'en prendre, c'est au gouvernement qui l'a abandonnée à ses seuls moyens ; les inventions nouvelles nécessitent toujours des secours, sans quoi elles languissent. Le poli de l'acier, les filatures, la bonneterie, la boutonnerie, et même le plaqué anglais, seroient devenus communs au deux nations, si le gouvernement avoit voulu faire de légers sacrifices; avisons au moyen de pouvoir les faire, et nous ne redouterons plus l'entrée de leurs marchandises. Quand nous serons bien convaincus que notre commerce d'exportation, d'importation et de consommation procuroit aux Anglais de cent vingt à cent trente millions par an, de bénéfice, nous chercherons les moyens de nous affranchir de ce tribut.

Lorsque la France partageoit son exportation en productions du sol et en objets

industriels provenant de sa main-d'œuvre,
il est clair que son commerce étoit plus
avantageux, que lorsqu'elle a été obligée
de fournir près des trois quarts en denrées,
et le quart restant seulement en marchandises de ses fabriques.

Si le principe qui dirige l'exportation des
denrées étoit suivi, il en résulteroit une
hausse combinée dans leur prix; mais lorsque la masse de l'impôt force à vendre, et
que le commerce saisit le moment de son
paiement pour acheter, il résulte au contraire, du concours des vendeurs, une
baisse préjudiciable.

Toutes ces combinaisons, tous ces calculs
sont du ressort d'une sage direction dans le
mouvement de nos relations commerciales;
le gouvernement apprendra par elle, d'une
manière positive, ce qu'il peut et doit faire
pour le bien de la société, dans l'ensemble
de l'exportation et de l'importation habituelles, qui fournit aux consommations
étrangères au sol.

Le mouvement du commerce de l'Angleterre étoit calculé sur environ seize cents
millions, c'est-à-dire, que les spéculateurs
anglais achetoient dans l'Inde, en France,

et dans les autres parties du monde , pour une valeur de huit cents millions de denrées et marchandises , les colportoient et les vendoient à différentes nations , dont la nôtre étoit la plus forte en consommation ; et ils y amalgamoient les objets de leur propre industrie.

La valeur de l'achat et celle de la vente formoient le mouvement de l'ensemble.

La différence du prix de l'achat à celui de la vente , avec le fret , leur procuroit cet immense bénéfice , qui les a successivement enrichis ; il se portoit à plus de trois cents millions par an.

Le mouvement des relations commerciales de la France s'élevoit à environ quatorze cents millions , mais les résultats étoient bien différens; elle vendoit ses productions territoriales et industrielles pour se procurer uniquement les denrées et marchandises étrangères qu'elle consommoit ; ses bénéfices sur les étrangers étoient presque nuls ; ceux que le commerce faisoit sur la revente de ces objets dans l'intérieur , étoient entièrement pris sur les consommateurs; les Français gagnoient sur les Français , et la masse des richesses n'obtenoit aucune progression

D 4

à cet égard ; mais les Anglais et les Hollandais gagnoient sur toutes les nations.

Néanmoins leur système commercial , quoique très-avantageux , ne sauroit convenir aux Français. La grande nation de l'Europe , dont la population s'élève à plus de trente millions d'individus , les ressources annuelles à environ six milliards , et qui les portera à plus de sept , lorsque son numéraire sera rentré et que son commerce sera réorganisé d'une manière utile , ne doit point vagabonder sur les mers pour colporter d'autres marchandises et d'autres denrées que les siennes propres , et celles qui servent aux jouissances dont elle s'est fait un besoin. L'exportation et l'importation du commerce français suffira pour le rendre un des plus étendus et des plus considérables du monde entier. Ne desirons d'autres avantages que ceux que nous pouvons avoir à l'aide de nos propres ressources , et la progression de nos richesses étonnera l'univers.

Récapitulons nos ressources commerciales , voyons l'instant de la paix et calculons.

D'après l'accroissement de nos terres en

culture et de notre population , la dépense
de la société en denrées et en marchandises
étrangères , peut être portée à environ sept-
cents millions , c'est-à-dire , au même taux
de 1788 , où la population et les terres en
culture étoient de plus d'un sixième moins
considérables.

Pour fournir à cette valeur , notre mise
dans le commerce d'exportation pourra
s'élever à environ cinq-cents millions de
denrées de toutes natures et à environ
deux - cents millions d'objets industriels.

Pour alléger les cultivateurs français,
de la partie de l'impôt perçue sur les productions territoriales exportées, qui d'après
les produits généraux , formeront un sep-
tième de la totalité , et d'après la masse
des contributions foncières portées à deux-
cent dix millions , donneront une somme
de trente millions; cette somme seroit perçue sur un droit de sortie , et réduiroit la
contribution foncière à cent - quatre - vingt
millions, sans porter aucune diminution
sur les recettes ordinaires de l'État.

Pour soulager le peuple qui vit, au jour
le jour, de sa main-d'œuvre, de son travail
ou de son industrie , lequel ne participe

presque point dans la consommation des
productions étrangères , il seroit perçu un
droit de dix pour cent de leur valeur , ré-
parti de la manière la plus convenable , sur
tous les objets importés , *autres que les
matières premières , et ceux destinés à
une réexportation* , ce qui produiroit encore plus de trente millions, qui formeroient
une rentrée bien plus certaine , que celle
des taxations arbitraires qu'on fait sur les
petits contribuables de cinq fr. à quinze fr. ,
lesquels réduits à moitié , payeroient régu-
lièrement leur contingent.

Enfin, pour raviver l'industrie , protéger
et favoriser les nouvelles fabriques, fournir
des moyens aux inventions utiles, et pour
parvenir à rivaliser toutes les manufactures
qui peuvent nous nuire ; il seroit perçu
cinq centimes additionnels , ou un pour
cent, sur toutes les valeurs d'exportation
et d'importation de notre commerce extérieur.

Et comme les denrées étrangères , les
étoffes et les marchandises fabriquées, hors
du territoire sont réputées de luxe ou d'un
besoin qu'on s'est fait pour les jouissances
et l'agrément de la vie de ceux qui possè-

dent des moyens pour se les procurer ; ces
objets payeroient encore un droit d'octroi
à l'entrée des villes, pour coopérer à la
bienfaisance nationale en faveur des hospices.

Ces dispositions administratives seroient
d'autant mieux vues en économie politique,
qu'elles balanceroient une partie des charges
que la nation s'est donnée ; et si par des rapprochemens des produits anciens de nos
douanes, on me contestoit la possibilité de
la rentrée des droits que je propose, je me
reporterai aux tarifs des Anglais, et je de-
manderai, comment une nation qui ne pouvoit et ne devoit consommer qu'environ le
tiers des productions étrangères que nous
consommions dans notre intérieur, à raison
de la différence de la population, percevoit
néanmoins le double du montant des droits
que nos douanes rendoient, quoiqu'ils facili-
tassent la sortie de leurs objets industriels,
et que la contrebande des vins, des eaux-de-
vie et des marchandises de France, leur
fît perdre plus d'un dixième sur leurs produits ?

Avouons à notre honte que nous n'en-
tendions rien, absolument rien dans les

rapports du commerce avec les finances de
l'État, ni même avec notre culture; la balance de nos relations commerciales étoit
à notre désavantage, nous voulions la rétablir; on voyoit des pertes réelles, et on
n'en cherchoit pas la véritable cause; on
favorisoit l'exportation, on la provoquoit
même, par la multiplicité des impôts; l'importation augmentoit, on avoit le sucre, le
café à quinze, dix-huit et vingt sous, et les
denrées du sol qui avoient été données en
échange, au plus bas prix, nous faisoient
éprouver des momens de pénurie qui nous
faisoient payer le pain à trois, quatre et cinq
sous la livre, dans le temps qu'il auroit dû
être dans le prix commun de deux à trois
sous, comme on avoit grand soin de le
maintenir dans la ville de Paris.

Paris étoit tout aux yeux des administrateurs, et le reste de la France n'étoit qu'un
domaine qu'on accabloit de redevances directes et indirectes, sans jamais calculer ses
véritables produits.

Le commerce étoit considéré comme une
richesse, et ne produisoit que des moyens
de luxe, d'agrémens, et des jouissances à
une très-petite partie de la société; son

activité, son mouvement n'étoit qu'intérieur,
c'étoit celui que procuroit l'industrie nationale, et on l'atténuoit par l'importation
trop considérable des étoffes et des marchandises étrangères.

La marine marchande occupoit en Angleterre plus de cent-cinquante mille individus; celle de la France, qui auroit pu
en faire exister trois cent mille, en comp-
toit tout au plus soixante mille, tandis
que le seul port de Londres, entretient un
mouvement d'environ trente mille matelots.

Quand une république s'organise, il semble que la société qui la compose se rapproche, se serre, et se réunit sous l'égide
du pacte social qui la lie. C'est une famille qui délègue à ses gouvernans la surveillance et les moyens de diriger le clas-
sement de chaque individu, de manière
qu'il puisse trouver une existence assurée
à l'aide de son travail.

Les moyens d'existence de la France, à
la paix, se diviseront en trois classes bien
distinctes : la première sera employée dans
la culture de son territoire ; la seconde sera
occupée par l'industrie et le commerce ; la
troisième sera composée de tous les indi-

vidus attachés à l'état civil, militaire et administratif de la république.

La première classe fait reproduire par
son travail, les objets de première nécés-
sité pour les deux autres, et pour elle-
même.

La seconde fournit aux objets d'entretien mobiliers et personnels, aux jouissances
de luxe, et aux besoins qu'on s'est faits.

La troisième administre, maintient l'ordre,
la sûreté, la tranquillité, et doit pourvoir
aux besoins communs par la plus sage prévoyance.

Tout se réduit à des possibilités dans la
vie, d'où il doit nécessairement résulter
des calculs, et l'idée que je vais développer paroîtra peut-être hazardée à beaucoup
d'économes politiques, dont le systême spé-
culatif abandonne beaucoup trop à la seule
providence.

Des divers changemens qui se font dans
la société, par le passage d'une classe à
l'autre, peut-on se persuader que le libre
arbitre qui a toujours existé parmi des
hommes qui vivent sur un même sol, ait
pu maintenir une balance relative ; peut-
on se persuader dis-je, que l'une n'a pas

empiété sur l'autre, que l'une est devenue trop foible, de ce que l'autre est trop forte ? Par exemple, l'agriculture n'a-t-elle pas perdu un grand nombre de bras, qui ont passé à l'industrie, et celle-ci ne se trouve-t-elle pas surchargée d'un excédent d'individus qu'elle ne sauroit alimenter ?

En me reportant à mes calculs, je trouve que le produit des terres se porte à une valeur de trois milliards cinq cents millions.

Je trouve ensuite, que la valeur du produit annuel de notre industrie et de notre commerce intérieur, avec le mouvement du numéraire, ne forment que deux milliards cinq cents millions ; et en supposant que le nombre des propriétaires des terres, qui se trouvent amalgamés dans la partie industrielle et commerciale, balancent les produits de ces deux classes, on remarquera que le nombre attaché à cette dernière, excède de beaucoup celle de la culture ; d'où il résulte, que le très-grand nombre d'individus qui se trouvent entassés dans les réduits de nos villes, excédant la mesure des ressources que l'industrie et le commerce peuvent procurer, deviennent à charge à la société. Et en parlant le langage de l'éco-

nomie politique spéculative, je trouve également, que les produits généraux de la nation, donnant un prix commun de ressources, de deux cents livres à chaque individu, d'où il faut déduire vingt livres
ou un dixième pour la participation aux
contributions générales ; la population assi-
gnée à chacune des classes qui forment
l'ensemble de la société devroit avoir pour
base un nombre de

11,250,000 individus attachés à la culture,

11,250,000 individus occupés au commerce et à l'industrie,

et 7,500,000 individus employés et sala-
riés par la république.

30,000,000 d'individus, formant l'entière population.

Ces rapprochemens, quoique purement
spéculatifs, agrandissent cependant les
idées administratives, et les fixent sur un
principe vrai, *que nul ne peut vivre où les
moyens de gagner sa subsistance manquent,*
et il n'est que trop vrai que ces moyens sont
circonscrits à une donnée qu'on n'a jamais
cherché à connoître ; aussi arrive-t-il que
l'indigence

l'indigence se propage d'une manière ef-
frayante , que les hospices se multiplient
et deviennent toujours insuffisans, et que la
charge de la société s'accroît forcément ,
malgré tous les moyens économiques qu'on
peut employer. Alors le simple citoyen n'a
t-il pas le droit de représenter à l'administrateur éclairé , que , si cinq cents mille individus deviennent à la charge de la société ,
pour avoir passé dans une classe qui ne
peut pas fournir aux moyens de leur subsistance , tandis qu'il en existe une qui manque
de bras , et qui pourroit la faire vivre , il
doit rétablir successivement cette balance ,
et prévenir cette espèce de désorganisation
sociale, qui occasionne tant de maux , en
faisant des malheureux ?

Ce simple exposé suffira pour me faire
entendre ; ceci est encore du ressort de nos
Préfets. Les moyens qui manquent pour faire
reproduire nos terres, leur seront connus,
le défaut de ressources dans l'industrie et
le commerce intérieur ne leur échapera
pas , et chacun sera insensiblement ramené
dans la classe qui pourra fournir à son existence ; le bon ordre le veut , et le bien de
la société l'exige.

E

On se dit, on se répète, que le rétablissement de nos relations commerciales et une
plus grande activité dans notre commerce
intérieur, procureront de grands secours ;
mais doit-on s'attendre que ces secours suf-
firont pour balancer les besoins de la classe
industrielle et commerçante ? c'est impossible.

Il faut d'abord créer une marine marchande ; l'exportation de nos seules denrées
et de nos objets industriels nécessiteroit environ trois mille navires ; nous ne pouvons
espérer et desirer, dans les premiers temps,
que de balancer le nombre de ceux qui vien-
dront dans nos ports ; c'est-à-dire, établir
une concurrence entre les nationaux et les
étrangers, qui procure un avantage dans la
vente de nos productions de toute nature ;
de-là, la nécessité de la liberté des mers, et
de l'entrée respective et libre dans tous les
ports. Ce premier principe des droits et de
l'intérêt de chacun, est réciproque.

Le rétablissement de la marine marchande
des Français nécessitera une mise de fonds
d'environ cent millions, elle pourra occuper
cent mille individus ; alors le mouvement
de notre commerce d'exportation et d'im-

portation , bien dirigé , procurera un bénéfice de plus de cent cinquante millions ; mais
gardons-nous de laisser consommer les fonds
des spéculateurs à cette mise énorme , il faut
que l'armateur soit aussi négociant ; s'il em-
ploie ses fonds à construire , comment pour-
ra-t-il fournir au montant de sa cargaison ?
Alors, on pourroit dire avec raison , que
notre commerce extérieur , tel qu'il doit
être , seroit dix ans à se rétablir.

Quand il en sera temps , je donnerai une
idée pour la formation d'une chambre d'assurance qui facilitera un emprunt fait par le
commerce , dont les avantages et la certitude de la rentrée des capitaux ne laisseront
rien à desirer aux prêteurs , et les fonds
d'avance pour les constructions ou l'achat
des navires , n'atténueront pas les sommes
disponibles que les armateurs et négocians
voudront employer aux spéculations maritimes. Malheur à nous , si notre commerce
n'est pas rétabli dans l'espace de trois ans
après la paix ; c'est que le gouvernement
ne l'aura pas aidé de tous les moyens qui
sont à son pouvoir , et si dans dix ans nous
ne primons pas sur toutes les mers , c'est
parce qu'il n'aura pas usé de nos ressources.

E 2

Une grande nation qui n'utilise pas ses moyens, donne l'exemple d'un homme riche qui ne se fait pas honneur de son revenu ; si la cour de France avoit employé à construire des vaisseaux, ce qu'elle a dépensé en édifices depuis un siècle, la France auroit la plus puissante marine de l'Univers ; et il ne nous reste que quelques carcasses et des maisons en ruine. Ce n'est pas ainsi qu'on établit la gloire d'un grand peuple.

Quoique des relations commerciales de la France il ne résulte foncièrement qu'une consommation d'agrément, de luxe, et d'un besoin qu'on s'est fait, qu'on ne connoissoit point il y a deux siècles ; néanmoins les rapports de ce commerce procurent des ressources secondaires qu'on ne sauroit trop apprécier.

Son mouvement facilite la vente du superflu de nos productions territoriales à l'étranger ; mais il faut en même-temps, que les avantages du transport de ces mêmes productions et de celui des échanges qui se font, maintiennent une marine analogue à ses besoins, autant qu'à la puissance d'un peuple, dont la mise dans le commerce gé-

néral, est la plus considérable en denrées
de son propre sol.

Ses rapports avec les avantages de la culture, doivent favoriser le prix des denrées
par l'écoulement que l'exportation procure ;
mais il faut aussi que de sages dispositions
établissent des moyens de concurrence entre
les nationaux et les étrangers, pour soutenir
le cours le plus avantageux, et surtout que
le poids des contributions n'influe pas par
une nécessité forcée d'encombrer généralement les marchés aux mêmes époques ; je
donnerai quelques développemens à cet
égard, en traitant de la variation du prix
des grains.

Que les modes varient, que les objets de
goût ou de caprice soient d'un prix relatif
à la faveur qu'ils obtiennent, plutôt qu'à
leur valeur intrinsèque, tout cela est d'u-
sage, et ne tire à aucune conséquence,
parce que c'est le desir de posséder et de
jouir qui détermine, et non pas un besoin
réel.

Mais que les denrées de première nécessité, dans un pays abondant et qui peut
toujours se suffire, varient de prix par d'autres causes que la quantité et la qualité,

E 3

voilà qui annonce un vice bien étrange dans l'organisation sociale.

Quand les grands propriétaires de fiefs, de redevances, qui joignoient encore des terres en culture, faisoient par eux-mêmes des amas de grains ; que les gros bénéficiers en faisoient aussi ; que les fermiers en faisoient également, il se trouvoit en France environ quarante mille magasins qui alimentoient le commerce des bleds, et son mouvement tendoit toujours à en faire baisser le prix dans les marchés pendant un certain temps de l'année, pour le faire hausser ensuite, quand les cultivateurs s'en étoient démunis pour pourvoir à leurs besoins, et particulièrement au paiement des impôts.

Le grand art et l'avantage de ce commerce, étoient de faire éprouver des momens de pénurie ; de-là, la variation en baisse ou en hausse de dix, quinze, vingt, vingt-cinq, trente pour cent, dans la valeur des grains de différentes qualités, que le consommateur payoit ; c'est-à-dire, que le peuple, qui est celui qui consomme le plus, fournissoit à ce commerce un bénéfice annuel d'une valeur commune d'environ vingt

pour cent, sur sa dépense de première nécessité.

Se peut-il, que dans une société bien
organisée, une denrée de première nécessité qui devient indispensablement un bien
commun, qui doit être le régulateur de
l'impôt foncier, et dont la quantité donne
la mesure des ressources de notre princi-
pale existence, soit livrée à une variation
de prix si préjudiciale, et souvent si dan-
gereuse ?

En cherchant les causes premières de cette
variation impolitique, on les trouve dans le
système du gouvernement lui-même, qui,
dans les temps ordinaires de paix, faisoit
fournir ses troupes de terre et de mer, ses
hôpitaux et ses hospices, par des entrepre-
neurs ou régisseurs, qui achetoient et usoient
de tous les moyens que l'intérêt suggère
pour se procurer des denrées au plus bas
prix possible. L'espèce d'accaparement que
ces achats procuroient, dérangeoit toujours
la balance du cours et donnoit ouverture
à des reventes combinées, d'où résultoit
encore la variation des prix par des causes
étrangères à la quantité et à la qualité de
la récolte. Dès-lors, celui qui ne pouvoit

E 4

pas attendre et saisir le moment propice, et qui se trouvoit forcé de vendre pour fournir à ses obligations, suivoit l'impulsion désavantageuse, que l'engorgement des marchés occasionnoit ; car tout le monde savoit que telles ou telles époques de paiement de baux ou de contributions, nécessitoient des ventes forcées presque générales ; les besoins venoient ensuite, on resserroit les denrées, et la pénurie simulée et préparée amenoit la hausse du prix en faveur de l'acapareur.

« Mais, dira-t-on, est il possible d'em-
» pêcher environ trois millions de proprié-
» taires ou fermiers qui ont la disponibilité
» de cette denrée, de la vendre par grosse
» ou par petites parties et à des époques dé-
» terminées, plutôt que d'après leurs be-
» soins sucessifs ? » Je réponds : Les grandes propriétés ont été disséminées, il n'existe plus de ces moyens faciles de réunir une quantité de grains considérable, par la voie des recettes, des rentes en nature et des dixmes. Tout est divisé ; chacun porte aux marchés pour ses besoins. Si les contributions étoient réparties par trimestre, celles des fermages de même, et que la partie de

denrées achetées par les fournisseurs, fût
perçue en nature par le gouvernement, il
s'établiroit une balance naturelle dans les
prix.

Qu'on ne dise pas que c'est un systême
minutieux et d'un détail dans lequel le gouvernement ne doit pas entrer ; je vais prouver
au contraire que c'est le résultat d'une com-
binaison administrative des plus intéres-
santes pour la société, qui amenera aux
moyens de balancer insensiblement le cours
des grains d'après la quantité et la qualité
seulement.

Les besoins du gouvernement pour les
fournitures en nature qu'il donne habituel-
lement, s'élevront à environ cinquante millions par an, en temps de paix ; ce qui forme
à peu près le quart des impositions foncières.
Les mois de thermidor, fructidor et vendémiaire sont employés à recueillir les productions territoriales ; ce trimestre seroit reçu
en nature de denrées nécessaires, par les
fournisseurs du gouvernement, à raison de
la valeur du cours ; ainsi plus d'achats forcés
à cet égard. Les neuf mois restans seroient
divisés par trimestre pour l'échéance des
contributions, ce qui donneroit la facilité

de vendre successivement et éviteroit l'inconvénient préjudiciable de l'engorgement des marchés.

Personne alors, n'auroit ni prétexte, ni intérêt d'acheter des grains que pour les seuls besoins des villes ; le gouvernement désigneroit seul ceux qui seroient employés à fournir aux besoins des départemens qui en auroient manqué, lesquels achèteroient également jusqu'à la concurrence de la disponibilité que la détermination du superflu auroit établie dans les départemens qui auroient des excédens de consommation à pouvoir livrer au commerce d'exportation.

Encore des compagnies exclusives ! vont dire des hommes qui ne savent ou ne veulent pas calculer ; *et la liberté du commerce et celle des individus !*....

La connoissance des vrais produits commande une mesure plus certaine, il faut que les subsistances soient assurées, et calculées de manière que leur circulation successive n'éprouve ni entrave, ni écoulement imprévu, ni dispositions combinées, qui puissent faire varier le prix pour des causes étrangères. Il faut encore que ce prix se maintienne à un taux raisonnable et utile an cultivateur. Il faut enfin que le prix commun du pain se balance dans une donnée circonscrite, dont la hausse et la baisse ne puissent jamais être assez sensibles pour effrayer le consommateur ou paralyser les moyens du cultivateur. La chose est possible, necessaire à la tranquillité publique, au bien-être de la culture, et intéressante pour tous. Ce sont des résultats de calculs qu'on peut obtenir, quand on les amènera par des dispositions sages. J'en appelle encore aux Préfets. Avez-vous des excédens? avez-vous des besoins? dans le premier cas, je dois prendre chez vous; dans le second, je dois vous fournir. Le gouvernement prévoyant ne livrera au commerce qu'un superflu déterminé, il n'appartient qu'à sa sagesse paternelle de combiner la répartition des subsistances : tout intérêt sordide doit être banni de ce qui tient aux productions de première nécessité, elles doivent arriver aux consommateurs par la filière naturelle du besoin commun.

Pense-t-on que les gouvernans d'un peuple qui desire le moment d'une jouissance paisible, puissent abandonner le mouvement général des subsistances, à la providence

protectrice qui l'a presque uniquement dirigé jusqu'au moment où nous sommes? Je
ne parle pas de la ville de Paris, je veux
parler de l'ensemble des départemens. Si
l'habitant de la partie du nord paye vingt
francs la mesure de bled, et que celui du
midi la paye trente francs, voilà une dispa-
rité impolitique; la différence du transport
et d'un bénéfice raisonnable ne sauroit être
si prodigieuse, elle doit être tout au plus
de dix à douze pour cent de la valeur; alors,
on ne verra pas dans un pays aussi généralement fertile que la France, le prix du
pain à deux sous la livre dans un canton,
et à quatre sous dans un autre.

La variation du prix des grains est un
fléau pour le cultivateur; l'intérêt des propriétaires, celui du gouvernement nécessitent un prix combiné, maintenu, et toujours
relatif aux moyens possibles de la masse
des consommateurs. Tout se reporte à ce
mobile de première nécessité.

La direction des relations commerciales
amenera aux principes qui serviront de base
pour régulariser cette partie indispensable
de nos besoins; elle ne peut donner une
impulsion utile au mouvement du com-

merce, qu'avec la connoissance de ce que
possède la nation, de ce qu'elle consomme
de son sol, de la valeur du superflu qui
lui reste à pouvoir donner en échange des
denrées et autres objets étrangers à son
territoire.

De cette connoissance résulte celle de la
valeur des consommations étranges, mise
en balance avec celle du superflu qu'on
peut donner pour les payer.

De ces combinaisons ressortent tous les
moyens d'ordre pour administrer l'intérieur
sur des bases positives, et pour diriger
l'ensemble des dépenses de la société d'a-
près ses ressources effectives.

Il me reste à développer les moyens que
nous avons dans la circulation des espèces
en rapport avec le commerce.

Le mouvement d'exportation et d'importation, d'après nos ressources et nos besoins, pourra se porter à quatorze cents
millions, c'est-à-dire à peu près à la même
valeur seulement qu'en 1788, où nous possédions un représentatif de deux milliards
deux cents millions en numéraire ; et il ne
nous reste qu'environ quinze cents millions.
Il se trouve donc sept cents millions de moins

dans la circulation générale, et cette différence est d'autant plus sensible, que notre
population et notre territoire se sont accrus
d'environ un sixième.

Il faut donc pourvoir à ce deficit considérable, par des moyens à peu près équi-
valens, sans quoi le mouvement du commerce sera entravé dans sa marche.

La banque de France aura sans doute
prévu dans sa pompeuse organisation, la
nécessité de remplacer le mouvement de
cette somme, par un effectif qui rapproche
ses moyens des besoins qui se manifeste-
ront à la paix ; car on ne suppose pas que
ses vues soient restreintes au simple simu-
lacre de l'ancienne caisse d'escompte ; elle
se seroit mise en défaut vis-à-vis toutes
nos places de commerce, qui s'attendent,
que semblable à la banque d'Angleterre,
elle pourvoira à une circulation accréditée
et facile, qui ravivera toutes les branches
de notre commerce extérieur et intérieur.

Sa représentation digne et vraiment res-
pectable l'annonce, mais l'aperçu de sa
mise sembleroit détruire cette haute idée.

La nation française est trop grande aux
yeux des nations, et deviendra trop puis-

sante dans le commerce des quatre parties du monde, pour qu'un établissement qui prend son nom, et qui s'administre par une régence imposante, ne cherche pas à déployer des ressources qui la portent au niveau des moyens qu'on doit en attendre.

La paix rétablira nos relations commerciales ; mais la circulation des espèces, mais le crédit d'individu à individu, et cette confiance réciproque qui est l'ame des spéculations, seront lentes à reprendre leur cours ; c'est à la banque à donner l'impulsion du premier mouvement de nos opérations de commerce sur toutes les places de la république ; c'est enfin à la banque de France à imprimer le sceau du crédit par de grandes ressources, et des moyens dont la réalité ne puisse jamais être mise en doute.

Voici ce que je proposerois pour le bien du commerce et pour celui des rentiers dont j'ai partagé les pertes.

Sans m'écarter du système du gouvernement sur la liquidation successive de la dette nationale, je dois croire que son desir est d'assigner, à la paix, un produit quelconque pour le paiement des rentes consolidées ; cette assignation étant précise, invariable, et disponible pour l'emploi de son seul objet; je demanderois qu'elle fût remise à la banque de France dans toute son intégrité et disponibilité, de manière qu'elle pût recevoir mois par mois à compter du premier vendémiaire de l'an 10, les quatre - vingt millions ou environ qui reviennent aux rentiers. Jusqu'à cette époque, la situation des finances ne permet pas de changer le mode, quoique très préjudiciable, des bons au porteur acceptables en paiement des contributions arriérées et courantes; ces bons, qui engloberont le deuxième semestre de l'an 8, avec le premier et le second de l'an 9, fileront dans l'ordre de distribution, jusque vers la fin de l'an 10. Pendant cet intervalle, l'intérêt de la dette consolidée seroit transmis à la banque, de manière, qu'après l'épuisement des bons, elle ait reçu l'année entière due aux rentiers, ce qui est d'autant plus possible, que l'émission de ces bons hâtera les perceptions arriérées et courantes des ans 8, 9 et 10, et facilitera cette opération.

Alors, les fonds de la banque de France seroient formés de quatre-vingt millions, provenant d'une année des rentes consolidées

lidées, qui, se renouvelant à fur et mesure des paiemens, deviendroient dans ses opérations, un équivalent de fonds de mise, qui représenteroit quatre-vingt mille actions.

La banque de son côté, porteroit ses propres actions au même nombre de quatre-vingt mille, ce qui élèveroit son effectif à cent soixante millions.

Ce n'est pas tout, il faudroit que le rentier fût engagé par intérêt à recevoir son revenu et son dividende en billets de banque, et que ces billets recherchés du commerce, lui produisissent un boni; et voici comment: Tous les billets de banque remis aux rentiers seroient payables au porteur, ou deviendroient circulans à volonté *dans les douze principales villes de commerce de la république,* d'après l'ordre qui seroit établi à cet égard, de manière que les paiemens à faire dans ces places, *et vice versâ* sur Paris, pourroient s'effectuer en billets de banque, ou circuler dans chacune à volonté, jusqu'à leur remboursement.......
Je sens que je touche à l'arche sacrée des banquiers; mais je parle à la banque de France, qui se réunira nécessairement une maison de commerce recommandable dans

F

chacune de ces villes, afin que sa représentation lui donne ce mouvement imposant qui commande le crédit. Je parle encore à des personnes instruites, éclairées,
qui connoissent les besoins du commerce,
et l'impossibilité de pouvoir y fournir, sans
le secours que je leur propose, ou un équivalent.

Il s'agit de faire bénéficier le rentier d'un
dividende de six à sept pour cent sur le montant de son revenu (1), il s'agit encore d'éta-

----

(1) Le développement de cette proposition gît en
calculs et dans la volonté du gouvernement ; l'intérêt
du commerce et celui des rentiers devient subordonné
à l'un et à l'autre. S'il y a avantage, à coup sûr, le
gouvernement entrera dans les vues de la banque,
parce qu'il veut le bien ; celui des rentiers est visible,
c'est de porter leurs capitaux à la valeur qu'ils doivent
avoir d'après les revenus qu'ils en retirent ; le dividende qu'ils obtiendroient, seroit une addition qui donneroit une progression utile à l'intérêt et au capital
de chacun. L'amortissement successif pourroit se faire
également. La forme des billets de banque payables ou
circulans à volonté dans les principales villes de commerce, leur procureroit une réalisation avantageuse,
ou au moins très-facile, parce qu'on en useroit pour
faire les paiemens, au lieu de prendre des traites sur

blir une émission utile, accréditée et répan-
due dans les villes de commerce, qui change
l'idée des émissions ordinaires du papier
circulant, et qui s'adapte intimement aux
spéculations du commerce des principales
villes de l'intérieur; il s'agit enfin de pourvoir au deficit qui manque dans le mouvement général de la circulation. La banque
de France peut opérer ces différens effets,
par un effectif de cent soixante millions, et
une émission de quatre-vingt millions, dont
la source seroit connue, incontestablement

---

ces mêmes villes ; mais avouons que ce ne peut être
qu'une considération particulière en faveur de quelques
banquiers, qui pourroit arrêter cette facilité générale,
et utile pour disséminer leur circulation dans les places
de commerce. Ou la banque de France veut aider et
favoriser le commerce d'une manière à lui faire éprouver une influence utile dans tous les points de la république, ou elle veut se concentrer dans la ville de
Paris ; c'est à elle à prononcer : dans le premier cas,
son effectif doit être porté à l'équivalent des besoins
du commerce, j'oserois même dire que le nom qu'elle
a pris, l'exige; dans le second, tout ce que j'ai dit à
cet égard, est inutile; ayant traité des moyens du
commerce de la France, je desirois trouver en même
temps un établissement qui lui devient indispensable.

F 2

assurée, et par des reviremens utiles qui raviveroient toutes les branches du commerce extérieur et intérieur, en le mettant au niveau de ses besoins.

Je passe actuellement à l'idée que doit donner l'établissement de la banque de France aux étrangers de toutes les nations qui abonderont à Paris, relativement à l'immense commerce que les Français peuvent et doivent faire dans toutes les parties du monde.

Londres doit nous servir d'exemple, pour la division des ressources répandues dans cette grande ville, elle forme deux parties. Le quartier de Westminster, et celui de la Cité ; le premier est occupé par le gouvernement, les deux chambres, et les autorités ; le second par la bourse, la banque et le mouvement du commerce spéculateur.

Paris au contraire, quoique mieux disposé par sa localité à pouvoir former cette sage et politique division, les concentre dans un seul quartier, qui fait, tout au plus, la sixième partie de son étendue.

Si l'édifice de l'ancien théâtre français étoit embelli de deux vastes péristyles sur les côtés de la place, et que la banque, la bourse et le rendez-vous de tout ce qui a rapport au commerce, y fussent réunis d'une manière convenable et digne, le but politique seroit rempli, deux cent mille habitans qui vivent dans les environs se ressentiroient de cette disposition nécessaire ; et ce local déjà très-beau, figureroit encore avec les plus remarquables de la ville de Paris. Le commerce en feroit les frais ; il convient que chaque partie qui donne un produit, supporte ses dépenses ; elles seroient bientôt récupérées.

J'espère qu'on ne jugera pas mes propositions, comme les données d'un projet isolé, je les présente comme le résultat d'une série de calculs sous les différens points de vue de politique, de convenance et d'intérêt commun, qui appartiennent à un grand peuple.

Le gouvernement y trouveroit un intérêt réel, en simplifiant l'ordre du trésor public ; la classe des rentiers y gagneroit et béniroit encore la main protectrice qui leur feroit espérer une amélioration dans leurs capitaux, qui reprendroient leur valeur relative ; le commerce retrouveroit sur le champ une circulation qu'il ne pourroit se procurer que

F 3

d'une manière lente, pénible et désavantageuse; enfin la ville de Paris répartiroit ses
ressources; les gouvernans et les autorités
d'une part, tout ce qui a rapport au commerce de l'autre, et chacun trouveroit à
raviver sa propriété et son industrie.

J'ai cru devoir terminer mes moyens sur
la direction et le rétablissement de nos relations commerciales, par son mobile d'activité, qui est la circulation des espèces ou
d'un représentatif accrédité. Dans les circonstances où nous nous trouvons, ce mobile tient essentiellement à l'effectif que la
banque de France déployera et à sa représentation disséminée dans les principales
villes, avec le sceau du crédit qu'elle y
établira. Quand la nation française saura
que la banque possède un fonds de cent
soixante millions, qu'elle émet en billets
pour quatre-vingt millions seulement, dont
la valeur se renouvelle en numéraire tous
les ans, sans jamais accroître leur circulation, et qu'il lui reste toujours une somme
de cent soixante millions pour fournir aux
remboursemens exigés, et aux reviremens
que nécessitera le commerce; alors la source
de son mouvement devient connue de tous,

et son papier sera aussi desiré que respecté dans toutes les places.

Quand la banque d'Angleterre fut parvenue à convaincre que toutes les richesses de son commerce des Indes y aboutissoient, elle faisoit ses paiemens sans aucune apparence d'ordre, de longues tables couvertes d'or étoient placées aux yeux du peuple, dans de grandes salles où tout le monde avoit accès ; cet étalage imposant commandoit le crédit ; depuis, la politique et le patriotisme l'ont maintenu, mais d'une manière plus méthodique, parce que le premier prestige n'existe plus.

Si la destinée de la banque de France la place dans un édifice qui égale les ressources que le commerce attend de ses grandes vues ; que son trésor soit toujours déployé aux yeux du public, il n'en voudra plus, son crédit dominera, son papier égalera la valeur de l'or le plus pur, et le commerce n'aura plus à desirer que le rétablissement de la marine marchande. J'en donnerai particulièrement les moyens, avec l'organisation d'une chambre d'assurance.

F 4

SUR LES FINANCES.

De l'an huit, de l'an neuf et de l'an dix.

APRÈS avoir développé les moyens de
rétablir nos relations commerciales, je dois
me reporter aux ressources qui doivent procurer au gouvernement les contributions nécessaires à ses dépenses, en suivant les différentes parties de produits qu'elles doivent
atteindre, et qu'on appelle les finances de
l'État.

Cette administration devient la plus active, parce que de son produit dépendent
le mouvement de l'organisation sociale, le
bon ordre, la force et la puissance.

Depuis un siècle on a vu le gouvernement français doubler, tripler, quadrupler
ses dépenses administratives, et se trouver
toujours dans la gêne et dans la pénurie.

Cette détresse a occasionné une suite de
maux et de pertes incalculables ; il ne s'agissoit cependant que de s'entendre sur deux
bases principales, les *recettes possibles* et
les *dépenses possibles* ; mais on établissoit
toujours les dépenses, et les recettes deve-

nant insuffisantes, il en résultoit, que des reliquats successifs se formoit un arriéré ; de-là, cette confusion dans la comptabilité, qui étonnoit et affligeoit les partisans du bon ordre.

La suite d'une révolution porte toujours le désordre dans toutes les parties administratives. Les troubles et la désorganisation que la ligue occasionna, nous sont connus ; mais Sully les répara : l'homme de guerre devint financier, calculateur ; il ne fit cependant que régler les dépenses de l'État, en les réduisant au niveau des recettes, et usa des ressources extraordinaires pour libérer l'État de ses dépenses extraordinaires.

En suivant les principes de sa sage administration, je vais me permettre quelques données positives sur le systême des finances proposé pour l'an 9. Mais comme des calculs sur des objets réels, ne sont point un systême, et qu'il en doit ressortir au contraire des résultats certains, j'établirai d'abord, l'état de situation de nos finances d'après les recettes et les dépenses de l'an 8, tant à charge qu'à décharge, pour passer ensuite aux ressources qui pourront exister en l'an 9.

Je prendrai pour guide l'opinion franche

et mathématiquement exprimée du tribun Fabre (de l'Aude).

Le ministre des finances annonce, dit-il, qu'ayant pris pour base le montant des produits de l'an 7, où les recettes se portent à six cent un millions, néanmoins les dépenses *ordinaires* et *extraordinaires* de l'an 8 ne s'élèveront qu'à cinq cent quatre-vingt-treize millions, d'où il résulte une économie de huit millions.

Mais en suivant les détails du tribun dans ses rapprochemens sur les recettes et les dépenses de toutes natures, je trouve un calculateur ferme qui scrute chaque partie de produit, et qui contredit formellement l'exposé du ministre dans toutes les données qui le composent.

Il s'étonne, avec raison, que les dépenses *ordinaires* de l'an 9, puissent être réduites à trois cent quarante-un millions, et que les dépenses *extraordinaires*, qui semblent être destinées à combler le débet de l'an 8, et faire face à celles de l'an 9, ne se portent qu'à deux cent cinquante-deux millions.

En effet, si la France n'avoit contribué aux dépenses de l'État que pour trois cent quarante-un millions lorsque son territoire et sa population étoient d'un sixième moins considérables, le peuple auroit été heureux ; mais lorsque la nation française a augmenté ses richesses réelles d'environ un sixième, et qu'elle doit tenir le premier rang parmi les puissances de l'Europe, il convient à sa gloire, à sa prépondérance politique de régler ses dépenses ordinaires d'une manière convenable, mais certaine. Quant aux deux cent cinquante-deux millions destinés au paiement du reliquat des dépenses extraordinaires de l'an 8, et à celles de l'an 9, cet aperçu de la situation du ministère des finances, donne la plus haute idée des travaux de l'administrateur éclairé, qui est parvenu à tracer une ligne de démarcation si précise entre les dépenses ordinaires et extraordinaires, dans le temps où leur *enchevêtrement* paroissoit le plus prononcé et le plus préjudiciable au retour d'une comptabilité simple dans toutes ses parties.

Cependant le tribun Fabre, loin d'être convaincu que l'exposé du ministre puisse remplir l'attente d'une comptabilité telle qu'on peut la desirer, et que les moyens qu'il propose puissent atteindre aux besoins indispensables, met en doute, non seulement

la possibilité de fournir aux reliquats de l'an
8, et aux dépenses de l'an 9, avec les cinq
cent quatre vingt-treize millions demandés,
mais encore, il démontre qu'il est impossible
de se procurer la rentrée de cette somme de
la manière que le ministre le propose.

Dabord, il porte comme recette effective pour l'an 8, une somme de deux cent
soixante-six millions à recouvrer sur les côn-
tributions foncières, personnelles, et le droit
sur les portes et fenêtres. Tout le monde
sait que cette recette a été anticipée par des
réquisitions en nature, par des assignations
particulières, par des réquisitions de che-
vaux dont les valeurs ont passé avec les bons
au porteur des rentiers, du syndicat et de
l'emprunt, pour valeur égale en contributions ; que dailleurs les rentrées ont été
atténuées et réduites par un très - grand
nombre de réclamations, ce qui restreindra
cette recette à un effectif d'environ cinquante millions.

Il passe ensuite aux rentrées des impôts
indirects, dont les principales parties sont
confiées à la régie de l'enregistrement ; au
produit des postes, de la loterie, des hypo-
thèques, des douanes, etc. ; lesquelles se

portent, suivant le ministre, à deux cent six
millions neuf cent mille francs ; mais le tribun Fabre démontre par les relevés qu'il a
faits sur les états de trimestre de ces divers
recouvremens , que la stagnation du commerce et des transactions en général a
occasionné une réduction dans les produits,
d'environ vingt millions , et que l'effectif de
ces rentrées ne peut être porté qu'à cent
quatre-vingt sept millions.

Nota. Le produit des octrois et du droit de passe
n'ayant pas été porté en ligne de compte , et ayant été
employé d'une manière quelconque , se trouvera en
moins sur le débet de l'an 8 dans le compte général de
cet exercice.

D'où il résulte que la recette effective de
l'an 8, se portera à environ deux cent trente-
sept millions seulement , le surplus se trou-
vant anticipé ou enchevêtré dans la masse
des dépenses ordinaires et extraordinaires.

Néanmoins, le ministre fait état des recettes *extraordinaires* prises sur les ressources nationales , à assigner aux dépenses
extraordinaires de l'an 8 ; ces recettes portent
sur le montant des cautionnemens déter-
minés , sur le rachat des rentes conservées,

sur le partage des biens avec les parens
d'émigrés, sur les domaines nationaux à
vendre dans la Belgique, et sur le produit
des rentes créées pour concessions de fonds,
lesquelles reprises il évalue à une somme de
cent trente-sept millions pour l'an 8, sauf
à porter le surplus sur l'exercice de l'an 9.
Ici, le tribun garde un silence d'indignation,
parce qu'il sent l'impossibilité de recouvrer
une somme aussi considérable sur des ressources qui, quoique réelles dans un temps
plus heureux, deviennent presque nulles
par les circonstances; il n'ose même pas ha-
sarder un effectif quelconque, autre que
les cautionnemens, qu'il porte à dix-sept
millions; et passant avec humeur aux détails
du débet arriéré, que le ministre sembleroit
avoir englobé dans les cinq cent quatre-vingt-
treize millions demandés, il donne dans
l'énumération de douze articles d'arriérés
exigibles, l'aperçu d'un reliquat de quatre
cent treize millions sept cent cinquante mille
francs à payer sur la solde des armées, aux
fonctionnaires publics, aux hospices, sur les
ordonnances non acquittées de l'an 7 et de
l'an 8, sur des délégations exigibles, sur l'ha-
billement et équipement des conscrits, etc.

A la vérité, le ministre auroit pu prévenir cette sortie inattendue, en donnant
un état des restes à recouvrer sur l'an 6,
l'an 7, et 6 derniers mois de l'an 8, mais
il propose uniquement d'emprunter une
somme de trente millions sur l'exercice de
l'an 7, ce qui suppose qu'il compte sur des
rentrées considérables sur l'arriéré des contributions des deux années antérieures à
l'an 8.

D'après cet exposé, j'entrevois une rentrée effective, y compris les trente millions
pris sur l'exercice de l'an 7, de deux cent
quatre-vingt-quatre millions, et je dois
porter *pour mémoire* les restes à récouvrer
sur l'an 6 et l'an 7.

D'où il résultera, que les sommes à prendre sur les recettes extraordinaires ne pouvant pas s'effectuer, que les anticipations
faites sur les recettes ordinaires pour fournir
aux dépenses extraordinaires, retomberont
en entier sur l'exercice de l'an 9, à la dé-
duction des deux cent quatre-vingt-quatre
millions effectifs qui rentreront dans le cou-
rant de l'an 8; et en supposant que la
somme demandée de cinq cent quatre-
vingt-treize millions eût été suffisante pour

établir le niveau des dépenses ordinaires et extraordinaires exigibles en l'an 8. L'exercice de l'an 9 se trouvera chargé d'un reliquat antérieur, de trois cent neuf millions.

Mais pourquoi vouloir dissimuler notre position ; les moyens que nous possédons fourniront à tout, et nos ressources, quoiqu'un peu tardives, n'en sont pas moins réelles. L'exercice de l'an 9 sera pénible ; les dépenses ordinaires, extraordinaires, et le complément du débet exigible s'élèveront à environ sept cents millions.

Le ministre pourra donner l'état du reste à recouvrer de l'an 7, et de l'an 8, sur les contributions directes ; je le suppose de quarante millions ; il lui sera possible de prendre sur les ressources extraordinaires indiquées pour être réalisées en l'an 8, et qui pourront l'être en l'an 9, une somme de cent cinquante millions ; et les contributions de toutes natures devront être portées à cinq cent dix millions, c'est-à-dire à quatre-vingt-onze millions de moins qu'en l'an 7 ; à moins que le gouvernement rappelant les principes et les mesures que le sage Sully employa pour soulager le peuple sur les produits des dilapidateurs de la ligue, dise

dise comme lui , combien aviez-vous , combien auriez-vous pu gagner ?..... voyez ses
mémoires......

Tout systême de finance proposé sur des
données hypothétiques , entraîne toujours
vers des déterminations vagues qui ne s'ef-
fectuent presque jamais , et le désordre se
perpétue à l'infini. Il faut nécessairement en
venir à la ligne de démarcation , qui a été
impraticable dans les temps de troubles ;
je propose de l'établir irrévocablement , à
compter de l'an 10 ; qu'à cette époque , la
recette provenant des revenus ordinaires de
la république , détermine les assignations
fixes des dépenses ordinaires du gouvernement ; qu'à cette même époque , la série des
ressources extraordinaires , alors plus particulièrement connues, assure le débet arriéré.

Je me reporte donc à l'an 10 pour la détermination d'un plan de finance , c'est-à-
dire , pour démontrer mathématiquement ,
ce que la France pourra rendre en contributions de toute nature , ou , comme disoient
nos anciens , *ce qu'on pourra libéralement
exiger de son pays sans molestation des
habitans.*

J'ai déjà dit que les contributions fon-

G

cières devroient être réduites à cent quatre-
vingt millions, et je me fonde sur un principe vrai, c'est que la partie des productions
du sol exportée chez l'étranger, doit être
entièrement à la charge des véritables consommateurs, et non pas à celle du premier
vendeur qui donne tout son temps à leur
reproduction ; c'est le premier avantage
que le commerce doit procurer aux cultivateurs ; le second consiste dans la facilité
de vendre ces mêmes productions à un prix
utile.

J'ai dit encore, par une suite du même
principe, que la contribution personnelle
devroit être fixée à trente millions, et que
l'équivalent de la réduction du taux où elle
est portée dans ce moment, seroit perçu
sur les droits d'entrée des denrées et marchandises étrangères, auxquelles le peuple
ne participe point dans la consommation
habituelle dont les gens riches ou aisés se
sont fait un besoin. Je doute qu'on puisse
disconvenir que ces dispositions administratives sont aussi justes que politiques.

Je dois observer que les tarifs des douanes
sur la sortie et l'entrée des objets qui forment le mouvement de nos relations com-

merciales, doivent être entièrement régula-
risés d'après des combinaisons plus rappro-
chées du commerce des nations étrangères
avec lesquelles nous communiquons plus
particulièrement; l'intérêt du commerçant,
celui des étrangers et celui du gouvernement se contrarient presque toujours ; il
faut en appeler aux principes, et ils ne se
trouvent que dans la balance du mouvement
général du commerce, et dans ses rapports
avec son mobile, qui se réduit, pour les
Français, dans les produits territoriaux et
industriels qui s'exportent, et dans les objets
de toute nature étrangers au sol, qui s'im-
portent et qu'on consomme.

Le droit de patente porte sur l'industrie,
le commerce et les professions, son produit
fixé à quinze millions, présentera des améliorations successives.

Le timbre nécessite des modifications sur
quelques parties de ce droit ; néanmoins
on pourra le porter à un effectif de quinze
millions.

Le droit d'enregistrement réunit les différens droits qui se percevoient anciennement
sous plusieurs dénominations, même ceux
des lods et ventes; le grand nombre de muta-

tions que les biens nationaux ont procurées,
avoit fait croire que son produit se porteroit
à plus de soixante millions. Il est certain
que les additions successives ont porté
ce droit à un taux qui met des empêche-
mens aux transactions sociales ; on pourroit compter sur une rentrée annuelle de
trente millions , en prenant pour base les
perceptions anciennes , et offrir environ un
sixième de modification dans l'ensemble ,
à raison de la plus grande étendue du territoire.

On doit croire que la partie des revenus
provenant des biens nationaux , des forêts ,
et généralement de toutes les propriétés dé-
volues à la nation , est dirigée et suivie dans
ses détails , de la manière la plus avantageuse , et qu'en portant leur produit à trente
millions , on doit y trouver encore des ressources extraordinaires que le ministre an-
noncera dans un temps plus opportun.

Il importe à une société bien organisée ,
de connoître ce qu'elle possède en commun.
Le ministre Ramel donna en l'an 4 , l'état
des biens nationaux disponibles , département par département , lot par lot ; leur
évaluation se portoit à huit milliards six

cents millions , valeur 1790. Nous avons à regretter de ne pas connoître le détail des dispositions qui réduisit , dans l'espace de deux ans, cette immense propriété à 480 millions , les forêts nationales non comprises ; l'ordre des finances exige , et le nouveau gouvernement voudra que l'emploi des ressources qui nous restent , fasse la balance du débet arriéré , et que les dépenses ordinaires de l'an 10 soient fixes et strictement calculées d'après des recettes réelles établies sur des évaluations certaines.

L'administration des postes pourra être portée à un produit de dix millions ; c'est celui qu'elle rendoit lorsque la France étoit concentrée dans ses anciennes limites : on doit même espérer des augmentations successives.

La loterie est un mal , mais le goût dominant et l'espoir que le peuple y attache , le rend nécessaire , son produit peut être porté à six millions.

Les droits d'hypothèque , de greffe , la marque sur l'or et l'argent , les poudres , etc. peuvent être évalués à quatre millions , et présenter des améliorations successives.

Le droit de passe et les octrois établis ou

à établir, offriront en l'an dix une organisation plus régulière ; il résulteroit de la réunion de leur perception locale une économie sensible. En réduisant le droit de passe à un tarif moins onéreux, sur une infinité d'objets qui pèsent beaucoup trop sur le commerce, et en augmentant l'octroi d'un droit particulier sur les denrées et marchandises étrangères réputées de luxe ou d'un besoin qui n'est pas de première nécessité ; ces deux objets de produits pourroient être portés à quarante millions, et offrir des améliorations. On croit devoir observer que les perceptions partielles dont les assignations portent sur des dépenses locales et étrangères à l'ordre général du trésor public, laissent toujours dans la comptabilité des lacunes qui intervertissent le bon ordre. La société est une, ses contributions générales doivent former un tout qui est subdivisé suivant les besoins jugés nécessaires. Plus la manutention est disséminée, plus elle est dispendieuse, et plus elle s'éloigne des principes d'une administration simple et précise dans ses dispositions. On a vu les dépenses locales et les sous additionnels se porter presqu'au niveau de celles réputées

nationales ; alors ce n'est plus le gouvernement qui dépense d'une main sage et éclairée, il s'abandonne à des délégations partielles, qui semblent lui ôter la disponibilité
générale de la totalité des impôts.

Enfin le produit du tabac, si inconceva-
blement diminué, sans presqu'aucun avantage pour le consommateur ; qui rendoit
trente millions lorsque la population étoit
d'un sixième moins nombreuse, et qui ne
procure pas deux millions dans l'état actuel
des choses, semble annoncer qu'on ne s'est
nullement occupé de cette partie intéressante des revenus de la nation ; et on doit
croire que, de ce moment à l'an dix, elle
sera rétablie, et pourra assurer une recette
de vingt millions, et se porter successivement à la valeur des anciens produits.

Je n'ai parlé des droits à percevoir sur
l'entrée et la sortie des denrées et marchandises nationales et étrangères, que comme
un équivalent des diminutions à accorder
aux contribuables fonciers et à la contribution personnelle des individus qui vivent
uniquement de leur travail et de leur industrie ; j'ai porté ce dégrèvement à vingt millions sur l'impôt foncier, et à dix millions

sur l'impôt personnel. Je dois supposer que
le commerce sera trois ans , à compter de
l'an 10 , pour reprendre l'activité et le mouvement extérieur qu'il avoit en 1788 ; alors
les douanes devront produire environ cinquante millions ; mais le début de nos relations commerciales , régularisées d'après
les principes d'une direction éclairée , ne
peut promettre que des droits combinés sur
des valeurs relatives à l'essor qu'elles prendront successivement ; on peut déterminer
la valeur de l'exportation et de l'importation de la première année à six cents millions, et à une répartition de cinq pour cent
de droit sur cette valeur , d'après la com-
binaison d'un tarif qui rentrera plus particulièrement dans le systême d'économie
politique que nous devons suivre , en nous
rapprochant de celui des nations avec lesquelles nous communiquerons. Ces droits
peuvent donc être évalués à trente millions.

RÉCAPITULATION

RÉCAPITULATION

Des Impôts directs et indirects de l'an dix.

		millions.	
Contributions directes et revenus nationaux, dont les rôles matrices et les états certifiés doivent être présentés.	Contributions fonciè-res..................	180	millions. 255
	Contribution person-nelle	30	
	Droits de Patentes...	15	
	Revenus provenant des forêts et propriétés natio-nales de toute nature ...	30	
Impôts indirects dont l'évaluation ne peut être que supposée au plus bas, et dont le produit dépend du mouvement des transactions sociales et com-merciales.	Produits de l'enregistre-ment.......	30	155
	des postes....	10	
	du timbre	15	
	de la loterie ..	6	
	des hypothè-ques, greffes, etc........	4	
	du droit de pas-se, et des oc-trois	40	
	du tabac	20	
	Enfin l'évaluation du produit des douanes.	30	

TOTAL.............410

En analysant les différentes branches des produits indirects ci-dessus, on se convain-cra que l'activité du commerce peut donner

H

à chacune une progression d'avantages.
Mais comme l'expérience a démontré , surtout depuis deux ou trois ans , que les évaluations forcées sur des produits éventuels ,
ont toujours été funestes au mouvement du
trésor public , les discussions sur ces parties
des revenus de la nation devroient être su-
bordonnées aux probabilités les plus sages
et toujours circonscrites dans des possibilités. Quand le ministre anglais demandoit
à la chambre des communes la faculté d'im-
poser cinquante millions tournois , et qu'il
abandonnoit cette même somme pour trente-
cinq ou quarante millions effectifs , ne fai-
soit-il pas une meilleure opération , que lorsque le Corps législatif de la République
française accordoit un besoin urgent de
cinquante millions , et qu'il n'en rentroit
pas vingt-cinq.... ?

La société aspire au moment où le ministre pourra dire , le budget de l'an dix
a été déterminé à quatre cent dix millions
pour fournir aux *dépenses ordinaires* ,
elles ont été assignées ; les produits indirects ont excédé l'évaluation que vous leur
avez donnée , le trésor public se trouve
avoir une réserve : il propose de l'em-

ployer à liquider la dette nationale. Ce langage, qui annonceroit l'ordre desiré dans les finances , est bien différent de celui que ce même ministre est obligé de tenir quand des évaluations forcées ont réduit ses recettes, et qu'il se trouve obligé de déguiser sa véritable situation par politique , ou dans l'espoir que quelques opérations pourront le mettre au niveau de ses dépenses.

Soyons administrateurs , soyons financiers, mais soyons calculateurs et prenons toujours pour base nos produits généraux ; c'est-là que nous trouverons la mesure de nos opérations de finance et de commerce.

PAPILLON LATAPY.

FIN.

De l'Imprimerie D'HACQUART , rue Git-le-Cœur n°. 16.

AVERTISSEMENT.

Les nombres que l'on trouve entre deux parenthèses, dans plusieurs endroits de ce Livre, sont destinés à indiquer à quel numéro on doit aller chercher la démonstration de la proposition sur laquelle on s'appuie dans ces endroits. A l'égard des numéros, ils sont au commencement des *alinéa*.

Les lettres placées entre des parenthèses, indiquent les additions qui sont à la fin du volume.